von Savigny Friedrich Carl

Vom Beruf unserer Zeit für die Gesetzgebung und

Rechtswissenschaft

von Savigny Friedrich Carl

Vom Beruf unserer Zeit für die Gesetzgebung und Rechtswissenschaft

ISBN/EAN: 9783337413774

Hergestellt in Europa, USA, Kanada, Australien, Japan

Cover: Foto ©Suzi / pixelio.de

Weitere Bücher finden Sie auf **www.hansebooks.com**

Vom Beruf unsrer Zeit
für
Gesetzgebung
und
Rechtswissenschaft.

Von

D. Friedrich Carl von Savigny,

Königl. Preußischem Geheimen Oberrevisionsrathe, ordentlichem Professor der Rechte
an der Königl. Universität zu Berlin, und ordentl. Mitglied der
Königl. Akademie der Wissenschaften daselbst.

Neudruck nach der dritten Auflage
(1840)

Freiburg i. B. 1892
Akademische Verlagsbuchhandlung von J. C. B. Mohr
(Paul Siebeck).

Vorrede der zwenten Ausgabe.
(1828:)

Die erste Ausgabe der gegenwärtigen Schrift erschien im
J. 1814. zu einer Zeit, welche jedem, der sie mit vollem Be=
wußtseyn erlebt hat, unvergeßlich seyn muß. Jahre hindurch
waren die Bande, welche unser Deutsches Vaterland an fremde
Willkühr knüpften, immer fester angezogen worden, und es war
deutlich einzusehen, daß unser Schicksal, wenn die Absichten des
Unterdrückers zur vollen Ausführung kamen, mit der Vernich=
tung unsrer Nationalität enden mußte. Die großen Schicksale,
durch welche die fremde Herrschaft zertrümmert wurde, wende=
ten dieses herbe Loos von unsrem Vaterland ab, und das Ge=
fühl dankbarer Freude, welches damals durch die Befreyung
von der größten aller Gefahren allgemein erregt wurde, sollte
wohl bey Allen als eine heilige Erinnerung bewahrt werden.
Damals war es wieder möglich geworden, über öffentliche Dinge
nach freyer Überzeugung öffentlich zu reden, und der durch die
ganze durchlebte Zeit überall aufgeregte Sinn machte dieses
Ge=[IV*)]schäft anziehender und dankbarer, als es in gewöhnlichen
Zeiten zu seyn pflegt. So trat damals ein ausgezeichneter
Rechtsgelehrter mit dem Vorschlag auf, ein gemeinsames bür=
gerliches Gesetzbuch für Deutschland abzufassen, und dadurch
die politisch so wichtige Einheit der Deutschen, zugleich aber
auch die Rechtspflege und die Rechtswissenschaft zu fördern.
Von dem Congreß, der eben damals in Wien zusammentrat,
erwartete man, er werde wohl auf solche patriotische Vorschläge

---

*) Die Zahlen in edigen Klammern geben die Seiteneintheiluug
der dritten Auflage der Schrift (Heidelberg, Verlag von J. C. B.
Mohr) an.

einzugehen geneigt seyn. Dieses waren die äußeren Umstände, welche mich bewogen, in der gegenwärtigen Schrift auch meine Stimme über die wichtige Sache abzugeben. Diese Veranlassung, so wie die lebhaft erregte Zeit, worin die Schrift erschien, sind darin unverkennbar, und hätte ich erst jetzt über diese Frage zu reden gehabt, so würde es ohne Zweifel in sehr verschiedener Weise geschehen seyn, obgleich in der Sache selbst meine Überzeugungen nicht nur dieselben geblieben sind, sondern sich auch durch fortgesetztes Nachdenken und manche nicht unbedeutende Erfahrungen noch mehr begründet haben. Es konnte daher in Frage kommen, diese Schrift durch Änderungen und Zusätze in eine solche Gestalt zu bringen, worin sie etwa jetzt hätte erscheinen können. Allein bey diesem Verfahren war keine Gränze zu finden, ja es hätte eigentlich auf die gänzliche Vernichtung der früheren Schrift, und die Abfassung einer neuen geführt. Deßhalb habe ich einen völlig unveränderten Abdruck, wie er gegenwärtig erfolgt, für zweckmäßiger gehalten. Über einige Stellen jedoch finde ich hier eine besondere Erklärung nöthig.

S. 29. ist die Rede von der nicht glückli-[V]chen Bearbeitung der Rechtswissenschaft im achtzehnten Jahrhundert, und es wird dabey auch die ungünstige Einwirkung eines vielfältigen flachen Bestrebens in der Philosophie erwähnt. Diese Stelle haben Manche als ein absprechendes Urtheil über philosophische Bestrebungen in der Rechtswissenschaft überhaupt verstanden. Mir unbegreiflich; denn nach dem ganzen Zusammenhang war lediglich die Rede theils von der unglücklichen Anwendung Wolfischer Philosophie auf die Rechtswissenschaft, theils von der Einwirkung der späteren Popularphilosophen. Diese Bestrebungen aber dürften auch wohl gegenwärtig kaum Anhänger und Vertheidiger finden.

Im siebenten Abschnitt ist ein sehr ungünstiges Urtheil über die Französischen Juristen der neuesten Zeiten niedergelegt. Nun sind zwar die einzelnen dort zusammengestellten Thatsachen ganz richtig, und auch an dem Tadel derselben läßt sich nicht füglich Etwas mindern, dennoch ist das darauf gebaute Totalurtheil völlig einseitig und ungerecht, indem Eine höchst achtbare Seite der juristischen Literatur unsrer Nachbaren

mit Stillschweigen übergangen wird. Die Ursache dieser Einseitigkeit lag theils in der aufgeregten Stimmung gegen diese
Nachbaren, die in jenem Zeitpunkt so natürlich war, theils in
meiner unvollständigen Kenntniß ihrer Literatur, und ich benutze
gerne diese Gelegenheit, jenes zugefügte Unrecht durch ein offenes
Bekenntniß gut zu machen [1]). Die Sache ist nämlich die, daß
aller-[VI]dings die gelehrte Seite der Rechtswissenschaft, und
die mit ihr zusammenhängenden Kenntnisse, seit langer Zeit in
Frankreich sehr vernachläßigt waren, obgleich auch hierin eine
Anzahl jüngerer Männer in den neuesten Zeiten rühmlichen
Eifer an den Tag gelegt haben [2]). Dagegen hat bey ihnen die
praktische Rechtswissenschaft einen hohen Grad von Bildung
erlangt und behauptet, und der darauf gegründete Theil ihrer
Literatur verdient die größte Achtung, und könnte mit wesent-
lichem Vortheil von uns benutzt werden. So zum Beyspiel
enthalten die Schriften von Merlin, sowohl das Répertoire, als
die Questions wahre Muster gründlicher, scharfsinniger, ge-
schmackvoller Behandlung von Rechtsfällen, und unsre praktisch-
juristische Literatur steht hierin der Französischen bey Weitem
nach. Der Grund dieser ihrer Trefflichkeit, neben den oben erwähnten Mängeln, liegt theils in dem praktischen Geschick der
Nation, theils in den Formen ihres Prozesses, welche dem aus-
gezeichneten Talent Spielraum und Reiz in hohem Grad gewähren, anstatt daß bey uns Richter und Sachwalter ihr Geschäft in wenig anregender Unbemerktheit betreiben. Dagegen
bin ich weit entfernt, dem Code an diesen Vorzügen den geringsten Antheil zuzuschreiben, und was sie Gutes haben, das haben
sie ungeachtet des Code, nicht durch denselben. Alles also,
was gegen diesen in meiner Schrift gesagt ist, muß ich noch
jetzt für wahr erklären. Und eben so das nachtheilige Urtheil
über ihre Rechtsschulen, deren Einrichtung gewiß jede freye
Entwicklung der Rechtswissenschaft in Frankreich hemmt. [VII]
Ich sage dieses um so zuversichtlicher, als mir dieses Urtheil

---

[1]) Zum Theil war dieses schon bey einer andern Gelegenheit von mir
geschehen. Zeitschrift für geschichtliche Rechtswissenschaft B. 4. S. 488—490.
[2]) Vgl. Zeitschrift 2c. a. a. O. S. 482 fg.

durch die Stimme sehr achtbarer und einsichtsvoller Franzosen bestätigt worden ist [1].

S. 84—85. Was hier von Blondeau's Darstellungsart des Römischen Rechts erzählt wird, scheint, nach späteren Nachrichten, auf einem bloßen Mißverständniß zu beruhen. — S. 88 — 90. Was hier über das juristische Studium auf Preußischen Universitäten gesagt ist, hat sich seit jener Zeit einigermaßen geändert. Über das Landrecht sind seit mehreren Jahren Vorlesungen gehalten worden, auch von mir selbst, wobey ich die handschriftlichen Materialien des Landrechts habe benutzen können. Sogar ist neuerlich der Besuch solcher Vorlesungen, jedoch ohne Abbruch der gelehrten Rechtsstudien, als nothwendig vorgeschrieben worden, und schon das erste Examen wird jetzt mit darauf gerichtet. Dann hat neuerlich der gegenwärtige Herr Justizminister die Benutzung der Materialien zur öffentlichen Mittheilung gestattet, einige ausgezeichnete Rechtsgelehrte sind jetzt damit beschäftigt, und so wird der von mir S. 57. ausgesprochene lebhafte Wunsch auf die erfreulichste Weise in Erfüllung gehen.

S. 94. Hier ist der Wunsch ausgesprochen, daß die Hemmungen des Verkehrs zwischen den Universitäten verschiedener Deutscher Länder weggeräumt werden möchten. Es ist bekannt, daß seitdem, und ganz neuerlich von der Bairischen [VIII] Regierung sehr Vieles für diesen wichtigen Zweck gethan worden ist.

In der gegenwärtigen Ausgabe hat meine Schrift zwey Beylagen erhalten.

Die erste Beylage ist eigentlich eine Fortsetzung der Schrift selbst, und gehört also wesentlich an diese Stelle. Dasselbe zwar könnte man auch noch von einer andern Abhandlung in der Zeitschrift sagen, von der Recension über Gönner, B. 1. Nr. 17. Allein diese Abhandlung mußte, nach der Art, wie sie veran-

---

[1] Was ich hier zur Erklärung meines einseitigen Urtheils über die französische Jurisprudenz aus den Umständen, unter welchen meine Schrift zuerst erschien, gesagt habe, ist auf sehr billige Weise anerkannt. in einer französischen Recension, welche überhaupt jenen wissenschaftlichen Streit sehr treffend darstellt. (Le Globe T. V. N. 59. 1827. 18. Aoút).

laßt wurde, großentheils den Charakter einer persönlichen Po-
lemik annehmen, und so wenig ich hiervon, auch bey der ruhig-
sten Betrachtung, Etwas als ungerecht zurückzunehmen Ursache
finde, so fühle ich doch auch keine Neigung, diesen durch zufällige Umstände herbeygeführten Streit nach Ablauf vieler
Jahre, und nach dem Tode des Gegners, durch neuen Abdruck
aufzufrischen. Allerdings betrifft Vieles auch in dieser Recension das Allgemeine des damaligen Streits; demjenigen aber,
welcher vollständige Akten liebt, bleibt es ja unbenommen, sie
in der Zeitschrift selbst aufzusuchen. — In dieser ersten Beylage ist nur Eine Stelle, worüber ich jetzt Etwas hinzuzusetzen
finde; es ist die Stelle S. 102—103, worin ich gegen den oberflächlichen Gebrauch der Universalrechtsgeschichte gewarnt habe.
Diese Stelle ist mitunter so gedeutet worden, als ob ich die Universalrechtsgeschichte überhaupt verwerfen wollte. Wer sie jedoch
mit unbefangener Wahrheitsliebe lesen will, der muß ein solches Mißverständniß ganz unbegreiflich finden. Auch weiß ich
in der That kein neues Wort hinzuzusetzen, um mich gegen
diese Mißdeutung zu verwahren.

[IX] Die zweyte Beylage enthält das Urtheil eines französischen
Gerichtshofs über den Entwurf zum Code, welches in meiner
Schrift S. 48—49. angeführt und gerühmt ist. Ich habe es
jetzt abdrucken lassen, weil die französische Sammlung, worin es
bekannt gemacht wurde, gewiß nur dem kleineren Theil meiner
Leser zugänglich ist.

Inhalt.

———

1.

Einleitung.

[1]* In vielen deutschen Ländern hat jetzt ein äußeres Bedürfniß die Frage nach der besten Einrichtung des bürgerlichen
Rechts angeregt und so ist diese Frage, welche unsere Staaten
lange Zeit auf sich beruhen lassen konnten, zur gemeinsamen
Berathung der Staatsmänner und der Gelehrten gediehen. —
Aber noch ein edlerer Grund als das bloße Bedürfniß hat zu
dieser öffentlichen Berathung gewirkt: das Gefühl, daß in der
abgewendeten Unterdrückung der deutschen Nation eine dringende
Aufforderung an jede lebendige Kraft liegt, sich dieser Zeit nicht
unwerth zu zeigen. Darum ist es nicht Anmaaßung, sondern
recht und gut, wenn jeder, der ein Herz hat für seinen Beruf,
und eine klare Anschauung von demselben, diese Anschauung
öffentlich mit[2]theilt, und die Rechtsgelehrten dürfen darin am
wenigsten zurück bleiben. Denn gerade im bürgerlichen Rechte
ist der Unterschied der gegenwärtigen und der vergangenen Zeit
recht augenscheinlich. Ohne Zweifel kann auch hierin im einzelnen noch viel Verkehrtes geschehen aus Unverstand oder bösem
Willen. Aber die erste Frage darf doch wieder seyn: was ist
recht und gut? Die Sache trägt doch wieder ihren Zweck und
ihre Bestimmung in sich selbst, die Fürsten können wieder thun
nach ihrer Ueberzeugung und ihre Ehre setzen in das gemeine
Wohl. Das wird von der vergangenen Zeit niemand behaupten.
Als der Code in Deutschland eindrang und krebsartig immer
weiter fraß, war von innern Gründen nicht die Rede, kaum
hie und da in leeren Phrasen: ein äußerer Zweck bestimmte
alles, dem eigenen Werthe des Gesetzbuches völlig fremd, ein an

---

* Die Zahlen in eckigen Klammern geben die Seiteneintheilung der
letzten (dritten) Auflage der Schrift (1840 bei J. C. B. Mohr erschienen) an.

sich selbst heilloses Verhältniß, selbst abgesehen davon, daß es
der verderblichste unter allen Zwecken war. Darum war es bis
jetzt fruchtlos darüber zu reden. Die in dieser Zeit geredet
haben, waren theils eigennützig der schlechten Sache hingegeben,
theils in unbegreiflicher Gutmüthigkeit von ihr bethört, die
meisten blos zur Ausführung mitwirkend als Geschäftsmänner,
ohne sich in ein Urtheil einzulassen: einzelne ehrenwerthe Stimmen ließen sich hören, strafend und warnend, andere andeutend
und winkend, an Erfolg aber konnte keiner denken. Daß wieder
eine Verschie[3]denheit der Meinungen wirksam werden, daß
wieder Streit und Zweifel entstehen kann über die Entscheidung,
gehört zu den Wohlthaten, womit uns jetzt Gott gesegnet hat,
denn nur aus dieser Entzweyung kann eine lebendige und feste
Einheit hervorgehen, die Einheit der Ueberzeugung, nach
welcher wir in allen geistigen Dingen zu streben durch unsere
Natur gedrungen sind.

Aber es giebt einen zweyfachen Streit, einen feindlichen
und einen frieblichen. Jenen führen wir, wo wir Ziel und
Zweck verwerflich finden, diesen, wo wir Mittel suchen zu gemeinsamen löblichen Zwecken. Jener wäre auch jetzt noch, da
nicht mehr vom Code die Rede ist, an seiner Stelle, wenn Einer
behaupten wollte, jetzt sey die rechte Zeit, wo alle einzelne
Staaten in Deutschland sich fest abschließen müßten: dazu sey
auch das Recht gut zu gebrauchen, und jede Regierung müsse
für ein recht eigenthümliches Gesetzbuch sorgen, um auch hierin
alles gemeinsame aufzuheben, was an den Zusammenhang der
Nation erinnern könnte. Diese Ansicht ist nichts weniger als
willkührlich ersonnen, vielmehr sind ihr manche Regierungen offen=
bar günstig, wohl aber hindert eine gewisse Scheu, sie jetzt laut
werden zu lassen, und ich wüßte nicht, daß sie in Schriften für
das bürgerliche Recht benutzt worden wäre. Ganz anders ist es
mit den Vorschlägen, die bis jetzt für dieses kund geworden sind,
denn mit ihnen ist, wo wir nicht übereinstimmen, [4] ein frieb-
licher Streit möglich, und ein solcher führt, wo nicht zur Vereinigung der Streitenden, doch zu besserer Einsicht im Ganzen.

Von zwey Meynungen über die Einführung des bürgerlichen
Rechts, die mir bekannt geworden sind, geht die eine auf Her-

stellung des alten Zustandes¹), die zweyte auf Annahme eines gemeinschaftlichen Gesetzbuches für die Teutschen Staaten²). Zur Erläuterung dieser zweyten Meynung sind gleich hier einige Bemerkungen nöthig, indem sie in einem doppelten historischen Zusammenhang betrachtet werden muß.

Erstens nämlich steht sie in Verbindung mit vielen ähnlichen Vorschlägen und Versuchen seit der Mitte des achtzehnten Jahrhunderts. In dieser Zeit hatte sich durch ganz Europa ein völlig unerleuchteter Bildungstrieb geregt. Sinn und Gefühl für die Größe und Eigenthümlichkeit anderer Zeiten, so wie für die naturgemäße Entwicklung der Völker und Verfassungen, also alles, was die Geschichte heilsam und fruchtbar machen muß, war verloren: an die Stelle getreten war eine gränzenlose [5] Erwartung von der gegenwärtigen Zeit, die man keineswegs zu etwas geringerem berufen glaubte, als zur wirklichen Darstellung einer absoluten Vollkommenheit. Dieser Trieb äußerte sich nach allen Richtungen: was er in Religion und Staatsverfassung gewirkt hat, ist bekannt, und es ist unverkennbar, wie er hier durch eine natürliche Gegenwirkung aller Orten einer neuen, lebendigeren Liebe die Stätte bereiten mußte. Auch im bürgerlichen Rechte war er thätig. Man verlangte neue Gesetzbücher, die durch ihre Vollständigkeit der Rechtspflege eine mechanische Sicherheit gewähren sollten, indem der Richter, alles eigenen Urtheils überhoben, blos auf die buchstäbliche Anwendung beschränkt wäre: zugleich sollten sie sich aller historischen Eigenthümlichkeiten enthalten, und in reiner Abstraction für alle Völker und alle Zeiten gleiche Brauchbarkeit haben. Es würde sehr irrig seyn, jenen Trieb und diese Anwendungen desselben einzelnen Irrlehrern zuzuschreiben: es war, nur mit sehr achtungswerthen Ausnahmen, die Meynung der Völker. Darum

---

¹) Rehberg über den Code Napoleon. Hannover 1814.
²) K. E. Schmid Deutschlands Wiedergeburt. Jena 1814. S. 135 ꝛc. Thibaut über die Nothwendigkeit eines allgemeinen bürgerlichen Rechts für Teutschland. Heidelberg 1814. — Jener wünscht für den Augenblick Annahme des Oesterreichischen Gesetzbuchs, dieser sogleich ein neues.

1*

stand es nicht in der Macht der Regierungen, allen Anwendungen auszuweichen, und die bloße Milderung und Beschränkung derselbe konnte oft schon als sehr verdienstlich und als Beweis innerer Kraft gelten. Ver[leichen wir mit diesen vergangenen Zuständen die gegenwärtige Zeit, so dürfen wir uns freuen. Geschichtlicher Sinn ist überall erwacht, und neben diesem hat [6] jener bodenlose Hochmuth keinen Raum. Und wenn auch angehende Schriftsteller oft noch einen ähnlichen Anlauf nehmen, so ist es doch gar nicht mehr herrschender Geist. Auch in den oben genannten Vorschlägen von Gesetzbüchern ist zum Theil diese erfreuliche Vergleichung bewährt. Frey von jenen übertriebenen Ansprüchen gehen sie auf ein bestimmtes praktisches Ziel, und auch ihre Motive stehen auf festem Boden. Das Durchlaufen jener Periode aber gewährt uns den großen Vortheil, daß wir ihre Erfahrungen zu Rathe ziehen können. Aus den Ansichten derselben sind nacheinander Gesetzbücher für drey große Staaten hervor gegangen. Diese, und zum Theil ihre Wirkungen liegen vor uns, und es würde unverzeihlich seyn, die Lehre zu verschmähen, die sie uns aufmunternd oder warnend geben können.

Zweytens stehen jene Vorschläge in Verbindung mit einer allgemeinen Ansicht von der Entstehung alles positiven Rechts, die von jeher bey der großen Mehrzahl der deutschen Juristen herrschend war. Nach ihr entsteht im normalen Zustande alles Recht aus Gesetzen, d. h. ausdrücklichen Vorschriften der höchsten Staatsgewalt. Die Rechtswissenschaft hat lediglich den Inhalt der Gesetze zum Gegenstand. Demnach ist die Gesetzgebung selbst, so wie die Rechtswissenschaft, von ganz zufälligem, wechselndem Inhalt, und es ist sehr möglich, daß das Recht von morgen dem von heute gar nicht ähnlich sieht. Ein [7] vollständiges Gesetzbuch ist demnach das höchste Bedürfniß, und nur bei einem lückenhaften Zustande desselben kann man in die traurige Nothwendigkeit kommen, sich mit Gewohnheitsrecht, als einer schwankenden Ergänzung, behelfen zu müssen. Diese Ansicht ist viel älter, als die oben dargestellte, beide haben sich auf manchen Punkten feindlich berührt, weit öfter aber sehr gut vertragen. Als Vermittlung diente häufig die Überzeugung, daß es ein praktisches Naturrecht oder Vernunftrecht gebe, eine ideale Ge-

ſetzgebung für alle Zeiten und alle Fälle gültig, die wir nur
zu entdecken brauchten, um das poſitive Recht für immer zu
vollenden.

Ob dieſe Anſicht von der Entſtehung des poſitiven Rechts
Realität habe, wird ſich aus der folgenden Unterſuchung ergeben.

2.
Entſtehung des poſitiven Rechts.

[8] Wir befragen zuerſt die Geſchichte, wie ſich bey Völkern
edler Stämme das Recht wirklich entwickelt hat: dem Urtheil,
was hieran gut, vielleicht nothwendig, oder aber tabelnswerth
ſeyn möge, iſt damit keineswegs vorgegriffen.

Wo wir zuerſt urkundliche Geſchichte finden, hat das bürgerliche Recht ſchon einen beſtimmten Character, dem Volk eigenthümlich, ſo wie ſeine Sprache, Sitte, Verfaſſung. Ja dieſe
Erſcheinungen haben kein abgeſondertes Daſeyn, es ſind nur
einzelne Kräfte und Thätigkeiten des einen Volkes, in der Natur
untrennbar verbunden, und nur unſrer Betrachtung als beſondere
Eigenſchaften erſcheinend. Was ſie zu einem Ganzen verknüpft,
iſt die gemeinſame Überzeugung des Volkes, das gleiche Gefühl
innerer Nothwendigkeit, welches allen Gedanken an zufällige und
willkührliche Entſtehung ausſchließt.

Wie dieſe eigenthümlichen Functionen der Völker, wodurch
ſie ſelbſt erſt zu Individuen werden, entſtanden ſind, dieſe Frage
iſt auf geſchichtlichem Wege nicht zu beantworten. In neueren
Zeiten iſt die Anſicht herrſchend geweſen, daß alles zuerſt in
einem thierähnlichen [9] Zuſtand gelebt habe, und von da durch
allmähliche Entwicklung zu einem leiblichen Daſeyn, bis endlich
zu der Höhe gekommen ſey, auf welcher wir jetzt ſtehen. Wir
können dieſe Anſicht unberührt laſſen, und uns auf die That-
ſache jenes erſten urkundlichen Zuſtandes des bürgerlichen Rechts
beſchränken. Wir wollen verſuchen, einige allgemeine Züge dieſer
Periode darzuſtellen, in welcher das Recht wie die Sprache im
Bewußtſeyn des Volkes lebt.

Diese Jugendzeit der Völker ist arm an Begriffen, aber sie genießt ein klares Bewußtseyn ihrer Zustände und Verhältnisse, sie fühlt und durchlebt diese ganz und vollständig, während wir, in unserm künstlich verwickelten Daseyn, von unserm eigenen Reichthum überwältigt sind, anstatt ihn zu genießen und zu beherrschen. Jener klare, naturgemäße Zustand bewährt sich vorzüglich auch im bürgerlichen Rechte, und so wie für jeden einzelnen Menschen seine Familienverhältnisse und sein Grundbesitz durch eigene Würdigung bedeutender werden, so ist aus gleichem Grunde möglich, daß die Regeln des Privatrechts selbst zu den Gegenständen des Volksglaubens gehören. Allein jene geistigen Functionen bedürfen eines körperlichen Daseyns, um festgehalten zu werden. Ein solcher Körper ist für die Sprache ihre stete, ununterbrochene Übung, für die Verfassung sind es die sichtbaren, öffentlichen Gewalten, was vertritt aber diese Stelle bey dem [10] bürgerlichen Rechte? In unsren Zeiten sind es ausgesprochene Grundsätze, durch Schrift und mündliche Rede mitgetheilt. Diese Art der Festhaltung aber setzt eine bedeutende Abstraction voraus, und ist darum in jener jugendlichen Zeit nicht möglich. Dagegen finden wir hier überall symbolische Handlungen, wo Rechtsverhältnisse entstehen oder untergehen sollen. Die sinnliche Anschaulichkeit dieser Handlungen ist es, was äußerlich das Recht in bestimmter Gestalt festhält, und ihr Ernst und ihre Würde entspricht der Bedeutsamkeit der Rechtsverhältnisse selbst, welche schon als dieser Periode eigenthümlich bemerkt worden ist. In dem ausgedehnten Gebrauch solcher förmlichen Handlungen kommen z. B. die germanischen Stämme mit den altitalischen überein, nur daß bey diesen letzten die Formen selbst bestimmter und geregelter erscheinen, was mit den städtischen Verfassungen zusammen hangen kann. Man kann diese förmlichen Handlungen als die eigentliche Grammatik des Rechts in dieser Periode betrachten, und es ist sehr bedeutend, daß das Hauptgeschäft der älteren Römischen Juristen in der Erhaltung und genauen Anwendung derselben bestand. Wir in neueren Zeiten haben sie häufig als Barbarey und Aberglauben verachtet, und uns sehr groß damit gedünkt, daß wir sie nicht haben, ohne zu bedenken, daß auch wir überall mit juristischen

Formen versorgt sind, denen nur gerade die Hauptvortheile der alten Formen [11] abgehen, die Anschaulichkeit nämlich und der allgemeine Volksglaube, während die unsrigen von jedem als etwas willkührliches und darum als eine Last empfunden werden. In solchen einseitigen Betrachtungen früher Zeiten sind wir den Reisenden ähnlich, die in Frankreich mit großer Verwunderung bemerken, daß kleine Kinder, ja ganz gemeine Leute, recht fertig französisch reden.

Aber dieser organische Zusammenhang des Rechts mit dem Wesen und Character des Volkes bewährt sich auch im Fortgang der Zeiten, und auch hierin ist es der Sprache zu vergleichen. So wie für diese, giebt es auch für das Recht keinen Augenblick eines absoluten Stillstandes, es ist derselben Bewegung und Entwicklung unterworfen, wie jede andere Richtung des Volkes, und auch diese Entwicklung steht unter demselben Gesetz innerer Nothwendigkeit, wie jene früheste Erscheinung. Das Recht wächst also mit dem Volke fort, bildet sich aus mit diesem, und stirbt endlich ab, so wie das Volk seine Eigenthümlichkeit verliert. Allein diese innere Fortbildung auch in der Zeit der Cultur hat für die Betrachtung eine große Schwierigkeit. Es ist nämlich oben behauptet worden, daß der eigentliche Sitz des Rechts das gemeinsame Bewußtseyn des Volkes sey. Dieses läßt sich z. B. im Römischen Rechte für die Grundzüge desselben, die allgemeine Natur der Ehe, des Eigenthums u. s. w. recht wohl denken, aber für das unermeßliche Detail, wovon [12] wir in den Pandekten einen Auszug besitzen, muß es jeder für ganz unmöglich erkennen. Diese Schwierigkeit führt uns auf eine neue Ansicht der Entwicklung des Rechts. Bey steigender Cultur nämlich sondern sich alle Thätigkeiten des Volkes immer mehr, und was sonst gemeinschaftlich betrieben wurde, fällt jetzt einzelnen Ständen anheim. Als ein solcher abgesonderter Stand erscheinen nunmehr auch die Juristen. Das Recht bildet sich nunmehr in der Sprache aus, es nimmt eine wissenschaftliche Richtung, und wie es vorher im Bewußtseyn des gesammten Volkes lebte, so fällt es jetzt dem Bewußtsein der Juristen anheim, von welchen das Volk nunmehr in dieser Function repräsentirt wird. Das Daseyn des Rechts ist von nun an künstlicher und verwickelter, indem es ein doppeltes Leben hat, einmal als Theil des ganzen Volkslebens, was es zu seyn nicht aufhört, dann als besondere Wissenschaft in den Händen der Juristen. Aus dem Zusammenwirken dieses doppelten Lebensprincips erklären sich alle spätere Erscheinungen, und es ist nunmehr begreiflich, wie auch jenes ungeheure Detail ganz auf organische Weise, ohne eigentliche Willkühr und Absicht, entstehen konnte. Der Kürze wegen nennen wir künftig den Zusammenhang des Rechts mit dem allgemeinen Volksleben das politische Element, das abgesonderte wissenschaftliche Leben des Rechts aber das technische Element desselben.

[13] In verschiedenen Zeiten also wird bey demselben Volke das Recht natürliches Recht (in einem andern Sinn als unser Naturrecht) oder gelehrtes Recht seyn, je nachdem das eine oder das andere Prinzip überwiegt, wobey eine scharfe Gränzbestimmung von selbst als unmöglich erscheint. Bey republikanischer Verfassung wird das politische Prinzip länger als in monarchischen Staaten unmittelbaren Einfluß behalten können, und besonders in der Römischen Republik wirkten viele Gründe zusammen, diesen Einfluß noch bey steigender Cultur lebendig zu erhalten. Aber in allen Zeiten und Verfassungen zeigt sich dieser Einfluß noch in einzelnen Anwendungen, da wo in engeren Kreisen ein oft wiederkehrendes gleiches Bedürfniß auch ein gemeinsames Bewußtseyn des Volkes selbst möglich macht. So wird sich in den meisten Städten für Dienstboten und Miethwohnungen ein besonderes Recht bilden und erhalten, gleich unabhängig von ausdrücklichen Gesetzen und von wissenschaftlicher Jurisprudenz: es sind dieses einzelne Ueberreste der früheren allgemeinen Rechtsbildung. Vor der großen Umwälzung fast aller Verfassungen, die wir erlebt haben, waren in kleineren Teutschen Staaten diese Fälle weit häufiger als jetzt, indem sich Stücke altgermanischer Verfassungen häufig durch alle Revolutionen hindurch gerettet hatten.

Die Summe dieser Ansicht also ist, daß alles Recht [14] auf die Weise entsteht, welche der herrschende, nicht ganz passende, Sprachgebrauch als Gewohnheitsrecht bezeichnet, d. h. daß es erst durch Sitte und Volksglaube, dann durch Jurisprudenz erzeugt wird, überall also durch innere, stillwirkende Kräfte, nicht durch die Willkühr eines Gesetzgebers. Dieser Zustand ist bis jetzt nur historisch aufgestellt worden, ob er löblich und wünschenswerth ist, wird die folgende Untersuchung lehren. Aber auch als historische Ansicht bedarf dieser Zustand noch einiger näheren Bestimmungen. Zuerst ist dabey eine ganz ungestörte einheimische Entwicklung vorausgesetzt worden; der Einfluß früher Berührung mit fremdem Rechte wird weiter unten an dem Beispiel von Deutschland klar werden. Eben so wird sich zeigen, daß allerdings ein theilweiser Einfluß der Gesetzgebung auf bürgerliches Recht, bald löblich, bald tadelnswerth, stattfinden kann. Endlich finden sich große Verschiedenheiten in den Gränzen der Gültigkeit und Anwendung des Rechts. Wie nämlich dasselbe Volk sich in viele Stämme verzweigt, Staaten sich vereinigen oder zerfallen, so muß bald dasselbe Recht mehreren unabhängigen Staaten gemein seyn, bald in verschiedenen Theilen desselben Staates, neben gleichen Grundzügen des Rechts, eine große Mannichfaltigkeit einzelner Bestimmungen gelten.

Unter den Deutschen Juristen hat Hugo das große Verdienst, in den meisten seiner Schriften die herrschenden [15] Ansichten gründlich bekämpft zu haben[1]). Hohe Ehre gebührt auch hierin dem Andenken Mösers, der mit großartigem Sinn überall die Geschichte zu deuten suchte, oft auch in Beziehung auf bürgerliches Recht; daß dieses Beyspiel den Juristen größtentheils unbemerkt geblieben ist, war zu erwarten, da er nicht zünftig war, und weder Vorlesungen gehalten, noch Lehrbücher geschrieben hat.

<hr />

3.

Gesetze und Rechtsbücher.

[16] Der Einfluß eigentlicher Gesetzgebung auf bürgerliches Recht ist in einzelnen Stücken desselben nicht selten, aber die

<hr />

[1]) Vorzüglich in der Encyclopädie ed. 4 § 21. 22. Naturrecht ed. 3. § 130. Civilist. Magazin B. 4 Num. 4.

Gründe dieses Einflusses sind sehr verschiedener Art. Zunächst kann nämlich gerade die Abänderung des bestehenden Rechts Absicht des Gesetzgebers seyn, weil höhere politische Zwecke dieses fordern. Wenn in unsern Tagen Nichtjuristen von dem Bedürfniß neuer Gesetzgebung sprechen, so ist gewöhnlich blos dieses gemeynt, wovon die Bestimmung der gutsherrlichen Rechte eines der wichtigsten Beyspiele ist. Auch die Geschichte des Römischen Rechts liefert Beyspiele dieser Art, wenige aus der freyen Republik, unter August die wichtige Lex Iulia et Papia Poppaea, seit den christlichen Kaisern eine große Anzahl. Daß die Gesetze dieser Art leicht eine fruchtlose Corruption des Rechts sind, und daß gerade in ihnen die höchste Sparsamkeit nöthig ist, wird jedem einleuchten, der die Geschichte zu Rathe zieht. Die technische Seite des Rechts wird bey ihnen blos für die Form, und für den Zusammenhang mit dem ganzen übrigen Rechte in Anspruch genommen, welcher Zusammenhang diesen Theil der [17] Gesetzgebung schwieriger macht, als er gewöhnlich gedacht zu werden pflegt. Weit unbedenklicher ist ein zweyter Einfluß der Gesetzgebung auf das bürgerliche Recht. Einzelne Rechtssätze nämlich können zweifelhaft seyn, oder sie können ihrer Natur nach schwankende, unbestimmte Gränzen haben, wie z. B. alle Verjährung, während die Rechtspflege durchaus scharfe Gränzen fodert. Hier kann allerdings eine Art von Gesetzgebung eintreten, welche der Gewohnheit zu Hülfe kommt, jene Zweifel und diese Unbestimmtheiten entfernt, und so das wirkliche Recht, den eigentlichen Willen des Volks, zu Tage fördert, und rein erhält. Die Römische Verfassung hatte für diesen Zweck eine treffliche Einrichtung in den Edicten der Prätoren, eine Einrichtung, welche auch in monarchischen Staaten unter gewissen Bedingungen statt finden könnte.

Aber diese Arten eines theilweisen Einflusses sind gar nicht gemeynt, wenn so wie in unsern Tagen von dem Bedürfniß allgemeiner Gesetzbücher die Rede ist. Hier ist vielmehr folgendes gemeynt. Der Staat soll seinen gesammten Rechtsvorrath untersuchen und schriftlich aufzeichnen lassen, so daß dieses Buch nunmehr als einzige Rechtsquelle gelte, alles andere aber, was bisher etwa gegolten hat, nicht mehr gelte. Zuvörderst läßt sich fragen, woher diesem Gesetzbuch der Inhalt kommen solle. Nach einer oben dargestellten Ansicht ist von vielen be[18]hauptet worden, das allgemeine Vernunftrecht, ohne Rücksicht auf etwas bestehendes, solle diesen Inhalt bestimmen. Die aber mit der Ausführung zu thun hatten, oder sonst das Recht praktisch kannten, haben sich dieser großsprechenden, völlig hohlen Ansicht leicht enthalten, und man ist darüber einig gewesen, das ohnehin bestehende Recht solle hier aufgezeichnet werden, nur mit den Abänderungen und Verbesserungen, welche aus politischen Gründen nöthig seyn möchten. Daß dieses gerade bey den neueren Gesetzbüchern die herrschende Ansicht war, wird sich unten zeigen. Demnach hätte das Gesetzbuch einen doppelten Inhalt: theils das bisherige Recht, theils neue Gesetze. Was diese letzten betrifft, so ist es offenbar zufällig, daß sie bey Gelegenheit des Gesetzbuchs vorkommen, sie könnten auch zu jeder anderen Zeit einzeln gegeben werden, und eben so könnte zur Zeit des Gesetzbuches kein Bedürfniß derselben vorhanden seyn. In Deutschland besonders würden diese neuen Gesetze oft nur scheinbar vorkommen, da das, was einem Lande neu wäre, in einem andern meist schon gegolten haben würde, so daß nicht von neuem, sondern von schon bestehendem Rechte verwandter Stämme die Rede wäre, nur mit veränderten Gränzen der Anwendung. Um also unsere Untersuchung nicht zu verwirren, wollen wir die neuen Gesetze ganz bey Seite setzen, und bloß auf den wesentlichen und Hauptinhalt des Gesetzbuchs sehen. Demnach [19] müssen wir das Gesetzbuch als Aufzeichnung des gesammten bestehenden Rechts denken, mit ausschließender Gültigkeit vom Staate selbst versehen.

Daß wir dieses letzte als wesentlich bey einer Unternehmung dieser Art voraussetzen, ist in unsern schreibthätigen Zeiten natürlich, da bey der Menge von Schriftstellern und dem schnellen Wechsel der Bücher und ihres Ansehens, kein einzelnes Buch einen überwiegenden und dauernden Einfluß anders als durch die Gewalt des Staates erhalten kann. An sich aber läßt es sich gar wohl denken, daß diese Arbeit ohne Aufforderung und ohne Bestätigung des Staates von einzelnen Rechtsgelehrten vollbracht würde. Im altgermanischen Rechte war dieses häufig

der Fall, und wir würden viele Mühe gehabt haben, unsern
Vorfahren den Unterschied eines Rechtsbuchs als einer Privat-
arbeit von einem wahren Gesetzbuche deutlich zu machen, den
wir uns als so natürlich und wesentlich denken. Wir bleiben
aber jetzt bey dem Begriffe stehen, welcher unsren Zeiten angemessen ist. Jedoch ist es klar, daß der Unterschied lediglich in
der Veranlassung und Bestätigung von Seiten des Staates
liegt, nicht in der Natur der Arbeit selbst, denn diese ist auf
jeden Fall ganz technisch und fällt als solche den Juristen
anheim, indem bey dem Inhalte des Gesetzbuchs, den wir voraussetzen, das politische Element des Rechts längst vorausgewirkt
hat, und blos diese Wirkung zu [20] erkennen und auszusprechen
ist, welches Geschäft zur juristischen Technik gehört.

Die Forderungen an ein solches Gesetzbuch und die Erwartungen von demselben sind von zweyerley Art. Für den
innern Zustand des Rechts soll dadurch die höchste Rechtsgewiß-
heit entstehen, und damit die höchste Sicherheit gleichförmiger
Anwendung. Die äußeren Gränzen der Gültigkeit sollen dadurch
gebessert und berichtigt werden, indem an die Stelle verschiedener
Localrechte ein allgemeines Nationalrecht treten soll. Wir beschränken uns hier noch auf den ersten Vortheil, indem von
dem zweyten besser unten in besonderer Anwendung auf Deutschland geredet werden wird.

Daß jener innere Vortheil von der Vortrefflichkeit der Ausführung abhange, leuchtet jedem sogleich ein, und es ist also
von dieser Seite eben so viel zu verlieren als zu gewinnen
möglich. Sehr merkwürdig ist, was Baco aus der Fülle seines
Geistes und seiner Erfahrung über diese Arbeit sagt[1]. Er
will, daß sie nicht ohne dringendes Bedürfniß geschehe, dann
aber mit besonderer Sorgfalt für die bisher gültigen Rechtsquellen: zunächst durch wörtliche Aufnahme alles anwendbaren
aus ihnen, dann indem sie im Ganzen aufbewahrt und fortwährend [21] zu Rathe gezogen werden. Vorzüglich aber soll
diese Arbeit nur in solchen Zeiten unternommen werden, die

---

[1] Baco de fontibus juris, aphor. 59—64 (de augmentis scient.
L. 8. C. 3.).

an Bildung und Sachkenntniß höher stehen als die vorhergehenden, denn es sey sehr traurig, wenn durch die Unkunde
der gegenwärtigen Zeit die Werke der Vorzeit verstümmelt
werden sollten[1]). Worauf es dabey ankommt, ist nicht schwer zu
sagen: das vorhandene, was nicht geändert, sondern beybehalten
werden soll, muß gründlich erkannt und richtig ausgesprochen
werden. Jenes betrifft den Stoff, dieses die Form.

In Ansehung des Stoffs ist die wichtigste und schwierigste
Aufgabe die Vollständigkeit des Gesetzbuchs, und es kommt nur
darauf an, diese Aufgabe, worin Alle einstimmen, recht zu verstehen. Das Gesetzbuch nämlich soll, da es einzige Rechtsquelle
zu seyn bestimmt ist, auch in der That für jeden vorkommenden
Fall im voraus die Entscheidung enthalten. Dieses hat man
häufig so gedacht, als ob es möglich und gut wäre, die einzelnen
Fälle als solche durch Erfahrung vollständig kennen zu lernen,
und dann jeden durch eine entsprechende Stelle des Gesetzbuchs
zu entscheiden. Allein wer mit Aufmerk[22]samkeit Rechtsfälle
beobachtet hat, wird leicht einsehen, daß dieses Unternehmen deshalb fruchtlos bleiben muß, weil es für die Erzeugung der Verschiedenheiten wirklicher Fälle schlechthin keine Gränze giebt.
Auch hat man gerade in den allerneusten Gesetzbüchern allen
Schein eines Bestrebens nach dieser materiellen Vollständigkeit
völlig aufgegeben, ohne jedoch etwas anderes an die Stelle derselben zu setzen. Allein es giebt allerdings eine solche Vollständigkeit in anderer Art, wie sich durch einen Kunstausdruck
der Geometrie klar machen läßt. In jedem Dreyeck nämlich giebt
es gewisse Bestimmungen, aus deren Verbindung zugleich alle
übrige mit Nothwendigkeit folgen: durch diese, z. B. durch zwey
Seiten und den zwischenliegenden Winkel, ist das Dreyeck gegeben. Auf ähnliche Weise hat jeder Theil unsres Rechts
solche Stücke, wodurch die übrigen gegeben sind: wir können
sie die leitenden Grundsätze nennen. Diese heraus zu fühlen,

---

[1]) l. c. aph. 64. „Optandum esset, ut hujusmodi legum instau-
,ratio illis temporibus suscipiatur, quae antiquioribus, quorum acta
,et opera tractant, literis et rerum cognitione praestiterint .., In-
,felix res namquo est, cum ox judicio et delectu aetatis minus pru-
,dentis et eruditae antiquorum opera mutilantur et recomponuntur.‟

und von ihnen ausgehend den innern Zusammenhang und die
Art der Verwandtschaft aller juristischen Begriffe und Sätze zu
erkennen, gehört eben zu den schwersten Aufgaben unsrer
Wissenschaft, ja es ist eigentlich dasjenige, was unsrer Arbeit
den wissenschaftlichen Character giebt. Entsteht nun das Gesetzbuch in einer Zeit, welche dieser Kunst nicht mächtig ist, so
sind folgende Uebel ganz unvermeidlich. Die Rechtspflege wird
scheinbar durch das Gesetzbuch, in der That aber durch [23] etwas
anderes, was außer dem Gesetzbuch liegt, als der wahrhaft
regierenden Rechtsquelle, beherrscht werden. Dieser falsche
Schein aber ist höchst verderblich. Denn das Gesetzbuch wird
unfehlbar durch seine Neuheit, seine Verwandtschaft mit herrschenden Begriffen der Zeit, und sein äußeres Gewicht alle Aufmerksamkeit auf sich und von der wahren Rechtsquelle ablenken, so
daß diese in dunklem, unbemerktem Daseyn gerade der geistigen
Kräfte der Nation entbehren wird, wodurch sie allein in einen
löblichen Zustand kommen könnte. Daß diese Gefahr nicht
grundlos ist, wird unten aus der Betrachtung der neuen Gesetzbücher klar werden, und es wird sich zeigen, daß nicht blos der
einzelne Inhalt, sondern selbst der Begriff und die allgemeine
Natur dieser eigentlich regierenden Rechtsquelle verkannt wird,
wie sie denn unter den verschiedensten Namen, bald als Naturrecht, bald als jurisprudence, bald als Rechtsanalogie vorkommt. Kommt nun zu dieser mangelnden Erkenntniß der
leitenden Grundsätze das oben beschriebene Bestreben nach
materieller Vollständigkeit hinzu, so werden sich sehr häufig
die einzelnen Entscheidungen, den Verfassern unbemerkt, durch-
kreuzen und widersprechen, was erst allmählich durch die
Anwendung, und bey gedankenlosem Zustande der Rechtspflege
auch hier nicht, offenbar werden wird[1]). [24] Dieser Erfolg ist
gleich für die Gegenwart unvermeidlich, wenn auf diese Weise
ein Zeitalter ohne innern Beruf seine Ansicht des Rechts durch

---

[1]) Hugo Naturrecht § 130. N. 7. „Wenn alle Rechtsfragen von
oben herab entschieden werden sollten, so würde es solcher Entschei-
dun[24]gen so viele geben, daß es kaum möglich wäre, sie alle zu kennen,
und für die unentschiedenen Fälle, deren doch immer noch genug übrig
blieben, gäbe es nur um so mehr widersprechende Analogien.“

das Ansehen der Gesetzgebung fixirt; eben so nachtheilig aber ist die Wirkung auf die folgende Zeit. Denn wenn in dieser günstigere Bedingungen für die Behandlung des Rechts eintreten, so ist nichts förderlicher, als die vielseitige Berührung mit früheren einsichtsvollen Zeiten: das Gesetzbuch aber steht nun in der Mitte und hemmt und erschwert diese Berührung auf allen Seiten. Ohnehin liegt in der einseitigen Beschäftigung mit einem gegebenen positiven Rechte die Gefahr, von dem bloßen Buchstaben überwältigt zu werden[1]), und jedes Erfrischungsmittel muß dagegen sehr willkommen seyn: das mittelmäßige Gesetzbuch aber muß mehr als alles andere diese Herrschaft einer unlebendigen Ansicht des Rechts befestigen.

Außer dem Stoff muß aber auch die Form des Gesetzbuchs in Erwägung gezogen werden, denn der Verfasser des Gesetzbuchs kann das Recht, welches er bearbeitet, völlig durchdrungen haben, und seine Arbeit wird dennoch ihren Zweck verfehlen, wenn er nicht zugleich [25] die Fähigkeit der Darstellung hat. Wie diese Darstellung beschaffen seyn müsse, läßt sich leichter in gelungenen oder verfehlten Anwendungen fühlen, als durch allgemeine Regeln aussprechen. Gewöhnlich fordert man, daß sich die Sprache der Gesetze durch besondere Kürze auszeichne. Allerdings kann Kürze große Wirkung thun, wie sich durch das Beyspiel Römischer Volksschlüsse und des Römischen Edicts anschaulich machen läßt. Allein es giebt auch eine trockene, nichtssagende Kürze, zu welcher derjenige kommt, der die Sprache als Werkzeug nicht zu führen versteht, und die durchaus ohne Wirkung bleibt; in den Gesetzen und Urkunden des Mittelalters finden sich davon Beyspiele in Menge. Auf der andern Seite kann Weitläufigkeit in Rechtsquellen völlig verwerflich, ja ganz unerträglich seyn, wie in vielen Constitutionen von Justinian und in den meisten Novellen des Theodosischen Codex: allein es giebt auch eine geistvolle und sehr wirksame Weitläufigkeit, und in vielen Stellen der Pandekten ist diese unverkennbar.

Fassen wir dasjenige, was hier über die Bedingungen eines vortrefflichen Gesetzbuches gesagt worden ist, zusammen, so ist

---

') Baco de augm. scient. L. 8. C. 3. „Jurisconsulti autem ... tanquam e vinculis sermocinantur."

es klar, daß nur in sehr wenigen Zeiten die Fähigkeit dazu vorhanden seyn wird. Bey jugendlichen Völkern findet sich zwar die bestimmteste Anschauung ihres Rechts, aber den Gesetzbüchern fehlt es an Sprache und logischer Kunst, und das Beste können [26] sie meist nicht sagen, so daß sie oft kein individuelles Bild geben, während ihr Stoff höchst individuell ist. Beyspiele sind die schon angeführten Gesetze des Mittelalters, und wenn wir die zwölf Tafeln ganz vor uns hätten, würden wir vielleicht nur in geringerem Grade etwas ähnliches empfinden. In sinkenden Zeiten dagegen fehlt es meist an allem, an Kenntniß des Stoffs wie an Sprache. Also bleibt nur eine mittlere Zeit übrig, diejenige, welche gerade für das Recht, obgleich nicht nothwendig auch in anderer Rücksicht, als Gipfel der Bildung gelten kann. Allein eine solche Zeit hat für sich selbst nicht das Bedürfniß eines Gesetzbuchs; sie würde es nur veranstalten können für eine folgende schlechtere Zeit, gleichsam Wintervorräthe sammelnd. Zu einer solchen Vorsorge aber für Kinder und Enkel ist selten ein Zeitalter aufgelegt.

4.

Römisches Recht.

[27] Diese allgemeinen Ansichten von Entstehung des Rechts und von Gesetzbüchern werden durch die Anwendung auf Römisches Recht und auf das Recht in Deutschland klarer und überzeugender werden.

Die Vertheidiger des Römischen Rechts haben nicht selten den Werth desselben darin gesetzt, daß es die ewigen Regeln der Gerechtigkeit in vorzüglicher Reinheit enthalte, und so gleichsam selbst als ein sanctionirtes Naturrecht zu betrachten sey. Erkundigt man sich genauer, so wird freylich wieder der größte Theil als Beschränktheit und Spitzfindigkeit aufgegeben und die Bewunderung bleibt meist auf der Theorie der Contracte haften: wenn man hier die Stipulationen und einigen andern Aberglauben abrechne, so sey im übrigen die Billigkeit dieses Rechts über die Maaßen groß, ja es sey zu nennen l'expression des sentimens mis par Dieu même dans le cœur des hommes[1]). Allein gerade dieses übrigbleibende materielle des Römischen Rechts, was man so für seine wahre Vortrefflichkeit ausgiebt, ist so [28] allgemeiner Natur, daß es meist schon durch gesunden Verstand ohne alle juristische Bildung gefunden werden könnte, und um einen so leichten Gewinn lohnt es sich nicht, Gesetze und Juristen von zweytausend Jahren her zu unserer Hülfe zu bemühen. Wir wollen versuchen, das eigenthümliche des Römischen Rechts etwas genauer ins Auge zu fassen. Daß es damit eine andere als die hier angedeutete Bedeutung habe, läßt sich im Voraus schon darum vermuthen, weil es das einzige Recht eines großen, lange bestehenden Volkes ist, welches eine ganz nationale, ungestörte Entwicklung gehabt hat, und zugleich in allen Perioden dieses Volkes mit vorzüglicher Liebe gepflegt worden ist.

Betrachten wir zuerst die Justinianischen Rechtsbücher, also diejenige Form, in welcher das Römische Recht zu den neueren Staaten in Europa gekommen ist, so ist in ihnen eine Zeit des Verfalls nicht zu verkennen. Der Mittelpunkt dieser Rechtsbücher ist eine Compilation aus Schriften einer classischen Zeit, die als verloren und jetzt unerreichbar basteht, und Justinian selbst hat dessen kein Hehl. Diese classische Zeit also, die des Papinian und Ulpian ist es, worauf wir unsere Blicke zu richten haben, und wir wollen versuchen, von der Art und Weise dieser Juristen ein Bild zu entwerfen.

Es ist oben (S. 13 f.) gezeigt worden, daß in unsrer Wissenschaft aller Erfolg auf dem Besitz der leitenden [29] Grundsätze beruhe, und gerade dieser Besitz ist es, der die Größe der Römischen Juristen begründet. Die Begriffe und Sätze ihrer Wissenschaft erscheinen ihnen nicht wie durch ihre Willkühr hervorgebracht, es sind wirkliche Wesen, deren Dasehn und deren Genealogie ihnen durch langen vertrauten Umgang bekannt geworden ist. Darum eben hat ihr ganzes Verfahren eine Sicherheit, wie sie sich sonst außer der Mathematik nicht findet und man kann ohne Übertreibung sagen, daß sie mit ihren Begriffen rechnen.

---

[1]) Motifs do la loi du 3. Sept. 1807 vor dem Code Nap. ed. Paris 1807. 8. p. IX. (von Bigot-Preameneu).

zur unmittelbarsten Anwendung durchgebildet und ihre Praxis wird stets durch wissenschaftliche [31] Behandlung geadelt. In jedem Grundsatz sehen sie zugleich einen Fall der Anwendung, in jedem Rechtsfall zugleich die Regel, wodurch er bestimmt wird, und in der Leichtigkeit, womit sie so vom allgemeinen zum besondern und vom besondern zum allgemeinen übergehen, ist ihre Meisterschaft unverkennbar. Und in dieser Methode, das Recht zu finden und zu weisen, haben sie ihren eigenthümlichsten Werth, darin den germanischen Schöffen unähnlich, daß ihre Kunst zugleich zu wissenschaftlicher Erkenntniß und Mittheilung ausgebildet ist, doch ohne die Anschaulichkeit und Lebendigkeit einzubüßen, welche früheren Zeitaltern eigen zu seyn pflegten.

Diese hohe Bildung der Rechtswissenschaft bey den Römern im Anfang des dritten Jahrhunderts christlicher Zeitrechnung ist etwas so merkwürdiges, daß wir auch die Geschichte derselben in Betracht ziehen müssen. Es würde sehr irrig seyn, wenn man dieselbe als die reine Erfindung eines sehr begünstigten Zeitalters, ohne Zusammenhang mit der Vorzeit, halten wollte. Vielmehr war der Stoff ihrer Wissenschaft den Juristen dieser Zeit schon gegeben, größtentheils noch aus der Zeit der freyen Republik. Aber nicht bloß dieser Stoff, sondern auch jene bewundernswürdige Methode selbst hatte ihre Wurzel in der Zeit der Freyheit. Was nämlich Rom groß gemacht hat, war der rege, lebendige, politische Sinn, womit dieses Volk die Formen seiner Verfassung [32] stets auf solche Weise zu verjüngen bereit war, daß das neue bloß zur Entwicklung des alten diente, dieses richtige Ebenmaß der beharrlichen und der fortbewegenden Kräfte. Dieser Sinn war in der Verfassung wie im bürgerlichen Rechte wirksam, aber dort war er schon vor dem Ende der Republik erloschen, während er hier noch Jahrhunderte lang fortwirken konnte, weil hier nicht dieselben Gründe der Corruption statt fanden wie in der Verfassung. Also auch im bürgerlichen Rechte war der allgemeine Römische Character sichtbar, das Festhalten am Herkömmlichen, ohne sich durch dasselbe zu binden, wenn es einer neuen, volksmäßig herrschenden Ansicht nicht mehr entsprach. Darum zeigt die Geschichte des

Römischen Rechts bis zur classischen Zeit überall allmähliche,
völlig organische Entwicklung. Entsteht eine neue Rechtsform,
so wird dieselbe unmittelbar an eine alte, bestehende angeknüpft,
und ihr so die Bestimmtheit und Ausbildung derselben zugewendet. Dieses ist der Begriff der Fiction, für die Entwicklung
des Römischen Rechts höchst wichtig und von den Neueren oft
lächerlich verkannt: so die bonorum possessio neben der hereditas,
die publiciana actio neben der rei vindicatio, die actiones utiles
neben den directae. Und indem auf diese Weise das juristische
Denken von der größten Einfachheit zur mannichfaltigsten Ausbildung ganz stetig und ohne äußere Störung oder Unterbrechung
fortschritt, wurde [33] den Römischen Juristen auch in der
spätern Zeit die vollendete Herrschaft über ihren Stoff möglich,
die wir an ihnen bewundern. So wie nun oben bemerkt worden
ist, daß die Rechtswissenschaft in ihrer classischen Zeit Gemeingut der Juristen war, so erkennen wir jetzt auch eine ähnliche
Gemeinschaft zwischen den verschiedensten Zeitaltern und wir
sind genöthigt, das juristische Genie, wodurch die Trefflichkeit
des Römischen Rechts bestimmt worden ist, nicht einem einzelnen
Zeitalter, sondern der Nation überhaupt zuzuschreiben. Allein
wenn wir auf die literarische Ausbildung sehen, durch welche
allein dem Römischen Recht eine bleibende Wirkung auf andere
Völker und Zeiten gesichert werden konnte, so müssen wir das
Zeitalter des Papinian und Ulpian als das vornehmste
erkennen, und wenn wir juristische Bücher aus der Zeit des
Cicero oder des August übrig hätten, so würden wir schwerlich die Unvollkommenheit derselben neben jenem Zeitalter verkennen können, so wichtig sie auch für unsere Kenntniß seyn
müßten.

Aus dieser Darstellung ist von selbst klar, daß das Römische
Recht sich fast ganz von innen heraus, als Gewohnheitsrecht,
gebildet hat, und die genauere Geschichte desselben lehrt, wie gering im Ganzen der Einfluß eigentlicher Gesetze geblieben ist,
so lange das Recht in einem lebendigen Zustande war. Auch
für dasjenige, was oben [34] über das Bedürfniß eines
Gesetzbuchs gesagt wurde, ist die Geschichte des Römischen
Rechts sehr lehrreich. So lange das Recht in lebendigem

Fortschreiten war, wurde kein Gesetzbuch nöthig gefunden, selbst da nicht, als die Umstände dafür am günstigsten waren. Nämlich zur Zeit der classischen Juristen hätte es keine Schwierigkeit gemacht, ein treffliches Gesetzbuch zu verfassen. Auch waren die drey berühmtesten Juristen, Papinian, Ulpian und Paulus praefecti praetorio; diesen fehlte es sicher weder an Interesse für das Recht, noch an Macht, ein Gesetzbuch zu veranlassen, wenn sie es gut oder nöthig fanden: dennoch sehen wir keine Spur von einem solchen Versuche. Aber als früher Cäsar im Gefühl seiner Kraft und der Schlechtigkeit des Zeitalters nur seinen Willen in Rom gelten lassen wollte, soll er auch auf ein Gesetzbuch in unserm Sinne bedacht gewesen seyn [1]). Und als im sechsten Jahrhundert alles geistige Leben erstorben war, suchte man Trümmer aus besseren Zeiten zusammen, um dem Bedürfniß des Augenblicks abzuhelfen. So entstanden in einem kurzen Zeitraum verschiedene Römische Gesetzbücher: das Edict des Theoderich, das Westgothische Breviarium, der [35] sogenannte Papian, und die Rechtsbücher von Justinian. Schwerlich hätten sich Bücher über Römisches Recht erhalten, wenn nicht diese Gesetzbücher gewesen wären, und schwerlich hätte Römisches Recht im neueren Europa Eingang gefunden, wären nicht unter diesen Gesetzbüchern die von Justinian gewesen, in welchen unter jenen allein der Geist des Römischen Rechts erkeunbar ist. Der Gedanke zu diesen Gesetzbüchern aber ist augenscheinlich nur durch den äußersten Verfall des Rechts herbeygeführt worden.

Über den materiellen Werth des Römischen Rechts können die Meynungen sehr verschieden seyn, aber über die hier dargestellte Meisterschaft in der juristischen Methode sind ohne Zweifel alle einig, welche hierin eine Stimme haben. Eine solche Stimme aber kann offenbar nur denjenigen zukommen, welche unbefangen und mit literarischem Sinn die Quellen des Römischen Rechts lesen. Die es blos aus Compendien oder Vorlesungen

---

[1]) **Sueton.** Caesar C. 44. Jus civile ad certum modum redigere. atque ex immensa diffusaque legum copia optima quaeque et necessaria in paucissimos conferre libros.

kennen, also von Hörensagen, selbst wenn sie einzelne Beweis-
stellen nachgeschlagen haben mögen, haben keine Stimme: für
sie ist jegliche Ansicht möglich, unter andern die eines trefflichen
Französischen Redners. Dieser behauptet, daß Römische Recht
habe zur Zeit der alten Juristen aus einer unzählbaren Menge
einzelner Entscheidungen und Regeln bestanden, die ein Menschen-
leben nicht habe erfassen können: unter Justinian aber „la
législation [36] romaine sortit du chaos," und sein Werk war
das am wenigsten unvollkommene, bis in dem Code Napoleon
ein ganz vollkommenes erschien[1]).

5.
Bürgerliches Recht in Deutschland.

[37] Bis auf sehr neue Zeiten war in ganz Deutschland ein
gleichförmiges bürgerliches Recht unter dem Namen des gemeinen
Rechts in Übung, durch Landesrechte mehr oder weniger mobificirt,
aber nirgends in allen seinen Theilen außer Kraft gesetzt. Die
Hauptquelle dieses gemeinen Rechts waren die Rechtsbücher von
Justinian, deren bloße Anwendung auf Deutschland indessen von
selbst schon wichtige Mobificationen herbeigeführt hatte. Diesem
gemeinen Rechte war von jeher die wissenschaftliche Thätigkeit der
deutschen Juristen größtentheils zugewendet. Aber eben über
dieses fremde Element unsers Rechts sind auch schon längst
bittere Klagen erhoben worden. Das Römische Recht soll uns
unsre Nationalität entzogen haben, und nur die ausschließende
Beschäftigung unserer Juristen mit demselben soll das einheimische Recht gehindert haben, eine ebenso selbstständige und
wissenschaftliche Ausbildung zu erlangen. Beschwerden dieser Art
haben schon darin etwas leeres und grundloses, daß sie als zufällig und willkührlich voraussetzen, was ohne innere Nothwendigkeit nimmermehr geschehen oder doch nicht bleibend geworden wäre. Auch liegt [38] überhaupt eine abgeschlossene

---

[1]) Motifs de la loi du 3. Sept. 1807 vor den Ausgaben des Code
eit 1807, von Bigot-Preameneu.

nationale Entwicklung, wie die der Alten, nicht auf dem Wege,
welchen die Natur den neueren Völkern angewiesen hat; wie
ihre Religion nicht Eigenthum der Völker ist, ihre Literatur
eben so wenig frey von den mächtigsten äußeren Einflüssen, so
scheint ihnen auch ein fremdes und gemeinsames bürgerliches
Recht nicht unnatürlich. Ja sogar nicht bloß fremd überhaupt
war dieser Einfluß auf Bildung und Literatur, sondern größtentheils Römisch, eben so Römisch, als jener Einfluß auf unser
Recht. Allein in diesem Falle liegt noch ein besonderer Irrthum
bey jener Ansicht zum Grunde. Nämlich auch ohne Einmischung
des Römischen wäre eine ungestörte Ausbildung des Deutschen
Rechts dennoch unmöglich gewesen, indem alle die Bedingungen
fehlten, welche in Rom das bürgerliche Recht so sehr begünstigt
hatten. Dahin gehörte zuerst die unverrückte Localität, indem
Rom, ursprünglich der Staat selbst, bis zum Untergang des
westlichen Reichs der Mittelpunkt desselben blieb, während
die Deutschen Stämme auswanderten, unterjochten und unter-
jocht wurden, so daß das Recht unter alle vertheilt war, aber
nirgends eine unverrückte Stelle, noch weniger einen einzelnen
Mittelpunkt fand. Dann haben schon sehr frühe die Deutschen
Stämme Revolutionen erfahren von so durchgreifender Art,
wie sie die ganze Römische Geschichte nicht kennt. Denn selbst
die Änderungen der Verfassung unter August und [39] unter
Constantin wirkten auf das bürgerliche Recht nicht unmittelbar und ließen selbst Grundbegriffe des öffentlichen Rechts, wie
z. B. den der Civität, unberührt. In Deutschland dagegen, als
das Lehenwesen ganz ausgebildet war, blieb von der alten Nation eigentlich nichts mehr übrig, alles bis auf Formen und
Namen war von Grund aus verändert, und diese gänzliche Umwälzung war schon entschieden, als das Römische Recht Eingang
fand. —

Im vorigen Abschnitt ist gezeigt worden, wie wichtig das
Römische Recht als Muster juristischer Methode sei: für Deutschland ist es nun auch historisch, durch sein Verhältniß zum gemeinen Recht, von großer Wichtigkeit. Es ist ganz falsch, wenn
man diese historische Wichtigkeit des Römischen Rechts auf die
Fälle einschränken wollte, welche unmittelbar aus demselben ent-

schieben werden. Nicht nur ist in den Landesrechten selbst sehr vieles blos Römisches Recht und nur in seinem ursprünglichen Römischen Zusammenhang verständlich, sondern auch da, wo man absichtlich seine Bestimmungen verlassen hat, hat es häufig die Richtung und Ansicht des neu eingeführten Rechts bestimmt, so daß die Aufgabe, die durch dieses neue Recht gelöst werden soll, ohne Römisches Recht gar nicht verstanden werden kann. Diese historische Wichtigkeit aber theilt mit dem Römischen Recht das Deutsche, welches überall in den Landesrechten erhalten [40] ist, so daß diese ohne Zurückführung auf die gemeinsame Quelle unverständlich bleiben müssen.

Gegen diesen nicht wenig verwickelten Zustand der Rechtsquellen in Deutschland, wie er aus der Verbindung des schon an sich sehr zusammengesetzten gemeinen Rechts mit den Landesrechten hervorgieng, sind die größten Klagen geführt worden. Diejenigen, welche das Studium betreffen, werden besser unten ihre Stelle finden: einige aber betreffen die Rechtspflege selbst.

Erstlich soll dadurch die übermäßig lange Dauer der Prozesse in vielen Deutschen Ländern bewirkt worden seyn. Dieses Übel selbst wird niemand abläugnen oder für unbedeutend erklären können, aber man thut den Richtern in solchen Ländern in der That zu viel Ehre an, wenn man glaubt, auf das ängstliche Grübeln über der schweren Theorie werde so viele Zeit verwendet. Über diese Theorie hilft das erste Compendium oder Handbuch hinweg, welches zur Hand ist: schlecht vielleicht, aber gewiß mit nicht mehr Aufwand von Zeit als das vortrefflichste Gesetzbuch. Jenes Übel entspringt vorzüglich aus der heillosen Prozeßform vieler Länder, und deren Reform gehört allerdings zu den dringendsten Bedürfnissen: die Quellen des bürgerlichen Rechts sind daran schuldlos. Daß dem so ist, wird jeder Unbefangene zugeben, welcher Acten aufmerksam gelesen hat. Auch die Erfahrung einzelner Länder spricht dafür, so z. B. war [41] schon längst in Hessen die Rechtspflege gut und schnell, obgleich da gerade in demselben Verhältniß gemeines Recht und Landesrecht galt, wie in den Ländern, in welchen die Prozesse nicht zu Ende gehen.

Zweytens klagt man über die große Verschiedenheit der Landesrechte, und diese Klage geht noch weiter als auf das Ver-

hältniß verschiedener Deutscher Länder, da häufig auch in demselben Lande Provinzen und Städte wiederum besonderes Recht
haben. Daß durch diese Verschiedenheit die Rechtspflege selbst
leide und der Verkehr erschwert werde, hat man häufig gesagt,
aber keine Erfahrung spricht dafür, und der wahre Grund ist
wohl meist ein anderer. Er besteht in der unbeschreiblichen Gewalt, welche die bloße Idee der Gleichförmigkeit nach allen Richtungen nun schon so lange in Europa ausübt: eine Gewalt,
gegen deren Mißbrauch schon Montesquieu warnt [1]). Es
lohnt wohl der Mühe, diese Gleichförmigkeit in dieser besondern
Anwendung näher zu betrachten. Das wichtigste, was man für die
Gleichförmigkeit des Rechts sagt, ist dieses: die Liebe zum gemeinsamen Vaterland werde durch sie erhöht, durch die Mannigfaltig-
keit der Particularrechte aber geschwächt. Ist diese Voraussetzung
wahr, so wird jeder wohlgesinnte [42] Deutsche wünschen, daß Deutschland in allen seinen Theilen gleiches Recht genießen möge. Aber
eben diese Voraussetzung ist nun der Gegenstand unsere Prüfung.

In jedem organischen Wesen, also auch im Staate, beruht
die Gesundheit darauf, daß beides, das Ganze und jeder Theil,
im Gleichgewicht stehe, daß jedem sein Recht widerfahre. Daß
ein Bürger, eine Stadt, eine Provinz den Staat vergessen, dem
sie angehören, ist eine sehr gewöhnliche Erscheinung, und jeder
wird diesen Zustand für unnatürlich und krankhaft erkennen.
Aber eben so kann die lebendige Liebe zum Ganzen blos aus
der lebendigen Theilnahme an allen einzelnen Verhältnissen hervorgehen, und nur wer seinem Hause tüchtig vorsteht, wird ein
trefflicher Bürger seyn. Darum ist es ein Irrthum, zu glauben,
das Allgemeine werde an Leben gewinnen durch die Vernichtung
aller individuellen Verhältnisse. Könnte in jedem Stande, in
jeder Stadt, ja in jedem Dorfe ein eigenthümliches Selbstgefühl
erzeugt werden, so würde aus diesem erhöhten und vervielfältig-
ten individuellen Leben auch das Ganze neue Kraft gewinnen.
Darum, wenn von dem Einfluß des bürgerlichen Rechts auf das
Vaterlandsgefühl die Rede ist, so darf nicht geradezu das besondere Recht einzelner Provinzen und Städte für nachtheilig

---

[1]) Montesquieu XXIX. 18.

gehalten werden. Lob in dieser Beziehung verdient das bürgerliche Recht, insofern es das Gefühl [43] und Bewußtseyn des
Volkes berührt oder zu berühren fähig ist: Tadel, wenn es als
etwas fremdartiges, aus Willkühr entstandenes, das Volk ohne
Theilnahme läßt. Jenes aber wird öfter und leichter bey besonderen
Rechten einzelner Landstriche der Fall seyn, obgleich gewiß nicht
jedes Stadtrecht etwas wahrhaft volksmäßiges seyn wird. Ja
für diesen politischen Zweck scheint kein Zustand des bürgerlichen Rechts günstiger, als der, welcher vormals in Deutschland
allgemein war: große Mannichfaltigkeit und Eigenthümlichkeit
im einzelnen, aber als Grundlage überall das gemeine Recht,
welches alle Deutschen Volksstämme stets an ihre unauflösliche
Einheit erinnerte. Das verderblichste aber von diesem Standpunkte aus ist leichte und willkührliche Änderung des bürgerlichen Rechts, und selbst wenn durch dieselbe für Einfachheit
und Bequemlichkeit gut gesorgt wäre, so könnte dieser Gewinn
gegen jenen politischen Nachtheil nicht in Betracht kommen. Was
so vor unsern Augen von Menschenhänden gemacht ist, wird im
Gefühl des Volkes stets von demjenigen unterschieden werden,
dessen Entstehung nicht eben so sichtbar und greiflich ist, und
wenn wir in unserm löblichen Eifer diese Unterscheidung ein
blindes Vorurtheil schelten, so sollten wir nicht vergessen, daß
aller Glaube und alles Gefühl für das, was nicht unsres gleichen
ist, sondern höher als wir, auf einer [44] ähnlichen Sinnesart
beruht. Eine solche Verwandtschaft könnte uns über die Ver-
werflichkeit jener Unterscheidung wohl zweifelhaft machen[1]).

6.
Unser Beruf zur Gesetzgebung.

[45] Von den Gründen, auf welche das Bedürfniß eines Gesetzbuchs für Deutschland gebaut zu werden pflegt, ist im vorigen
Abschnitt gesprochen worden: wir haben jetzt die Fähigkeit zu

---

[1]) Man vergleiche was über die Gleichförmigkeit des Rechts Rehberg über den Code Nap. S. 33 und f., so wie über die wichtigen
Folgen der gänzlichen Umwandlung des Rechts derselbe S. 57 u. f. sagt.

dieser Arbeit zu untersuchen. Sollte es an dieser fehlen, so müßte durch ein Gesetzbuch unser Zustand, den wir bessern wollen, nothwendig verschlimmert werden.

Baco foderte, daß die Zeit, in welcher ein Gesetzbuch gemacht werde, an Einsicht die vorhergehenden Zeiten übertreffe, wovon die nothwendige Folge ist, daß manchem Zeitalter, welches in anderer Rücksicht für gebildet gelten mag, gerade diese Fähigkeit abgesprochen werden muß. In den neuesten Zeiten haben sich besonders die Gegner des Römischen Rechts über solche Ansichten nicht selten entrüstet: denn die Vernunft sey allen Völkern und allen Zeiten gemein, und da wir überdem die Erfahrung voriger Zeiten benutzen können, so müsse unfehlbar, was wir verfertigen, besser als alles vorige werden. Aber eben diese Meynung, daß jedes Zeitalter zu allem berufen sey, ist das verderblichste Vorurtheil. In den schönen Künsten müssen wir wohl das Gegentheil [46] anerkennen, warum wollen wir uns nicht dasselbe gefallen lassen, wo von Bildung des Staates und des Rechts die Rede ist?

Sehen wir auf die Erwartungen der Nichtjuristen von einem Gesetzbuch, so sind diese sehr verschieden nach den verschiedenen Gegenständen des Rechts, und auch hierin zeigt sich das zweyfache Element allen Rechts, welches ich oben das politische und das technische genannt habe. An einigen Gegenständen nehmen sie unmittelbar lebhaften Antheil, andere werden als gleichgültig der juristischen Technik allein überlassen: jenes ist mehr im Familienrecht, dieses mehr im Vermögensrecht der Fall, am meisten in den allgemeinen Grundlagen desselben[1]). Wir wollen als Repräsentanten dieser verschiedenartigen Gegenstände die Ehe und das Eigenthum wählen, was aber von ihnen gesagt werden wird, soll zugleich für die ganze Classe gelten, wozu sie gehören.

Die Ehe gehört nur zur Hälfte dem Rechte an, zur Hälfte aber der Sitte, und jedes Eherecht ist unverständlich, welches nicht in Verbindung mit dieser seiner nothwendigen Ergänzung be-

---

[1]) Die Discussionen des französischen Staatsraths über den Code geben eine bequeme Übersicht über das Verhältniß dieser Theile: bey jenen konnten die Nichtjuristen kein Ende finden, von diesen war oft gar nicht die Rede.

trachtet wird. Nun ist in neueren Zeiten aus Gründen, die mit
der Geschichte der christlichen [47] Kirche zusammenhangen, die
nichtjuristische Ansicht dieses Verhältnisses theils flach, theils im
höchsten Grade schwankend und unbestimmt geworden, und jene
Flachheit, wie dieses Schwanken, haben sich dem Recht der Ehe
mitgetheilt. Wer die Gesetzgebung und das practische Recht in
Ehesachen aufmerksam betrachtet, wird darüber keinen Zweifel
haben. Diejenigen nun, welche glauben, daß jedes Übel nur
auf ein abhelfendes Gesetz warte, um dann auf der Stelle zu
verschwinden, werden diesen traurigen Zustand gern anerkennen,
um dadurch das Bedürfniß einer kräftigen, durchgreifenden Ge=
setzgebung in helles Licht zu setzen. Aber eben die Hoffnung,
die sie hierin auf Gesetze bauen, halte ich für ganz grundlos.
Ist einmal in der allgemeinen Ansicht eine bestimmte und löb=
liche Richtung sichtbar, so kann diese durch Gesetzgebung kräftig
unterstützt werden, aber hervorgebracht wird sie durch diese nicht,
und wo sie gänzlich fehlt, wird jeder Versuch einer erschöpfen=
den Gesetzgebung den gegenwärtigen Zustand nur noch schwankender
machen und die Heilung erschweren.

Wir betrachten ferner diejenigen Gegenstände welche (wie
das Eigenthum) im nichtjuristischen Publikum mit Gleichgültig=
keit betrachtet werden, und wovon selbst Juristen urtheilen, daß
sie unter allen Umständen dieselben seyn können[1]), so daß sie
lediglich der juristischen Tech=[48]nik anheim fallen. Daß wir
diese Ansicht von ihnen haben, ist eigentlich selbst schon Zeichen
eines öffentlichen Zustandes, welchem die rechtsbildende Kraft
fehlt; denn wo diese lebendig ist, werden alle diese Verhältnisse
nichts weniger als gleichgültig, sondern vielmehr ganz eigen=
thümlich und nothwendig seyn, wie die Geschichte jedes ursprüng=
lichen Rechts beweist. Jenen Zustand aber als den unsrigen
vorausgesetzt, wird unsre Fähigkeit zur Gesetzgebung von dem
Werthe und der Ausbildung unsrer juristischen Technik abhangen,
und auf diese muß demnach unsre Untersuchung zunächst ge=
richtet seyn.

---

[1]) Thibaut a. a. O. p. 54.

Unglücklicherweise nun ist das ganze achtzehnte Jahrhundert in Deutschland sehr arm an großen Juristen gewesen. Fleißige Männer zwar fanden sich in Menge, von welchen sehr schätzbare Vorarbeiten gethan wurden, aber weiter als zu Vorarbeiten kam es selten. Ein zweyfacher Sinn ist dem Juristen unentbehrlich: der historische, um das eigenthümliche jedes Zeitalters und jeder Rechtsform scharf aufzufassen, und der systematische, um jeden Begriff und jeden Satz in lebendiger Verbindung und Wechselwirkung mit dem Ganzen anzusehen, d. h. in dem Verhältniß, welches das allein wahre und natürliche ist. Dieser zweyfache wissenschaftliche Sinn findet sich ungemein wenig in den Juristen des achtzehnten Jahrhunderts, und vorzüglich ein vielfältiges flaches Bestreben in der Philosophie wirkte sehr ungünstig. Über [49] die Zeit, in welcher man selbst lebt, ist ein sicheres Urtheil sehr schwer: doch, wenn nicht alle Zeichen trügen, ist ein lebendiger Geist in unsre Wissenschaft gekommen, der sie künftig wieder zu einer eigenthümlichen Bildung erheben kann. Nur fertig geworden ist von dieser Bildung noch sehr wenig, und aus diesem Grunde läugne ich unsre Fähigkeit, ein löbliches Gesetzbuch hervorzubringen. Viele mögen dieses Urtheil für übertrieben halten, aber diese fordere ich auf, mir unter der nicht geringen Zahl von Systemen des Römisch-Deutschen Rechts eines zu zeigen, welches nicht etwa bloß zu diesem oder jenem besondern Zwecke nützlich dienen könne, denn deren haben wir viele, sondern welches als Buch vortrefflich sey; dieses Lob aber wird nur dann gelten können, wenn die Darstellung eine eigene, selbstständige Form hat, und zugleich den Stoff zu lebendiger Anschauung bringt. So z. B. im Römischen Rechte würde es daraufankommen, daß die Methode der alten Juristen, der Geist, der in den Pandekten lebt, erkennbar wäre, und ich würde mich sehr freuen, dasjenige unsrer Systeme kennen zu lernen, worin dieses der Fall sein möchte. Hat nun diese Arbeit bey vielem Fleiße und guten Talenten bis jetzt nicht gelingen wollen, so behaupte ich, daß in unsrer Zeit ein gutes Gesetzbuch noch nicht möglich ist, denn für dieses ist die Arbeit nicht anders, nur schwerer. Es giebt noch eine andere Probe für unsre Fähigkeit: vergleichen wir [50] unsre juristische Literatur mit der literarischen

Bildung der Deutschen überhaupt, und sehen wir zu, ob jene
mit dieser gleichen Schritt gehalten hat, das Urtheil wird nicht
günstig ausfallen, und wir werden ein ganz anderes Verhältniß
finden, als das der Römischen Juristen zur Literatur der Römer.
In dieser Ansicht liegt keine Herabsetzung, denn unsre Aufgabe
ist in der That sehr groß, ohne Vergleichung schwerer als die
der Römischen Juristen war. Aber eben die Größe dieser Aufgabe sollen wir nicht verkennen aus Bequemlichkeit oder Eigen-
dünkel, wir sollen nicht am Ziel zu seyn glauben, wenn wir
noch weit davon entfernt sind.

Haben wir nun in der That nicht was nöthig ist, damit
ein gutes Gesetzbuch entstehe, so dürfen wir nicht glauben,
daß das wirkliche Unternehmen eben nichts weiter seyn würde,
als eine fehlgeschlagene Hoffnung, die uns im schlimmsten Fall
nur nicht weiter gebracht hätte. Von der großen Gefahr, die
unvermeidlich eintritt, wenn der Zustand einer sehr mangelhaften
unbegründeten Kenntniß durch äußere Autorität fixirt wird, ist
schon oben (S. 14) gesprochen worden und diese Gefahr würde
hier um so größer seyn, je allgemeiner die Unternehmung wäre,
und je mehr sie mit dem erwachenden Nationalinteresse in Verbindung gebracht würde. Nahe liegende Beyspiele geben in
solchen Dingen oft ein weniger deutliches Bild: ich will also,
um anschaulich zu machen, was [51] auf solche Weise entstehen
kann, an die Zeit nach der Auflösung des weströmischen Reichs
erinnern, wo eben so ein unvollkommener Zustand der Rechts-
kenntniß fixirt worden ist (S. 21). Der einzige Fall, der hier
eine Vergleichung darbietet, ist das Edict des Ostgothischen
Theoderich, weil hier allein das vorhandene Recht in einer
eigenen neuen Form dargestellt werden sollte. Ich bin weit
entfernt zu glauben, daß, was wir hervorbringen könnten,
diesem Edict völlig gleich sehen würde, denn der Unterschied
der Zeiten ist in der That sehr groß: die Römer im Jahr 500
hatten Mühe zu sagen was sie dachten, wir verstehen gewissermaaßen zu schreiben: ferner gab es damals gar keine juristische
Schriftsteller, wir haben daran keinen Mangel. Allein darin
ist die Ähnlichkeit unverkennbar, daß dort ein historischer Stoff
dargestellt werden sollte, den man nicht übersah und nicht regieren

tonnte, und den wir Mühe haben, in dieser Darstellung wieder
zu erkennen. Und darin ist der Nachtheil entschieden auf unsrer
Seite, daß im Jahr 500 nichts zu verderben war. In unsrer
Zeit dagegen ist ein lebendiges Bestreben nicht abzuläugnen, und
niemand kann wissen, wie viel besseres wir der Zukunft entziehen, indem wir gegenwärtige Mängel befestigen. Denn „ut
corpora lente augescunt, cito extinguuntur, sic ingenia stu-
diaque oppresseris facilius quam revocaveris" [1]).

[52] Ein wichtiger Punkt ist noch zu bedenken, die Sprache
nämlich. Ich frage jeden, der für würdigen angemessenen Ausdruck Sinn hat, und der die Sprache nicht als eine gemeine
Geräthschaft, sondern als Kunstmittel betrachtet, ob wir eine
Sprache haben, in welcher ein Gesetzbuch geschrieben werden
könnte. Ich bin weit entfernt, die Kraft der edlen Deutschen
Sprache selbst in Zweifel zu ziehen; aber eben daß sie jetzt
nicht dazu taugt, ist mir ein Zeichen mehr, daß wir in diesem
Kreise des Denkens zurück sind. Kommt nur erst unsre Wissenschaft weiter, so wird man sehen, wie unsre Sprache durch
frische, ursprüngliche Lebenskraft förderlich seyn wird. Noch
mehr, ich glaube, wir sind in diesem Stücke noch in neueren
Zeiten rückwärts gegangen. Ich kenne aus dem achtzehnten
Jahrhundert kein Deutsches Gesetz, welches in Ernst und Kraft
des Ausdrucks mit der peinlichen Gerichtsordnung Karls des
fünften verglichen werden könnte.

Ich weiß, was man auf diese Gründe antworten kann,
selbst wenn man sie alle zugiebt: die Kraft des menschlichen
Geistes sey unendlich und bey redlichem Streben könne auch
jetzt plötzlich ein Werk hervorgehen, woran von allen diesen
Mängeln keiner verspürt würde. Wohl: der Versuch steht
jedem frey, an Aufmerksamkeit fehlt es unsrer Zeit nicht, und
es hat keine Gefahr, daß das wirkliche Gelingen übersehen werde.

[53] Ich habe bis jetzt die Fähigkeit unsrer Zeit zu einer
allgemeinen Gesetzgebung untersucht, als ob dergleichen noch
nicht unternommen worden wäre. Ich wende mich jetzt zu den
Gesetzbüchern, welche die neuste Zeit wirklich hervorgebracht hat.

---

[1]) Tacitus, Agricola C. 3.

7.

Die drey neuen Gesetzbücher.

[54] Die vollständige Kritik eines Gesetzbuchs, die von größerem Umfang sein muß, als das Gesetzbuch selbst, kann eben deshalb in den Gränzen einer kleinen Schrift nicht versucht werden. Auch kommt es hier auf diese Gesetzbücher nicht sowohl in ihrem Werthe im einzelnen an, als in der Wahrscheinlichkeit, die sie uns für oder wider das Gelingen einer neuen Unternehmung dieser Art darbieten. Sie sind nämlich sämtlich aus demjenigen Zustande juristischer Bildung hervorgegangen, für welchen oben die Fähigkeit zur Verfertigung eines guten Gesetzbuchs verneint worden ist, und sie werden folglich historisch zur Bestätigung oder Widerlegung unsrer Behauptung dienen können. Ich stelle den Code Napoleon zuerst, weil über ihn allein ausführliche Verhandlungen bekannt gemacht sind, welche recht unmittelbar zu unsrem Zwecke führen können[1].

[55] Bey dem Code sind die politischen Elemente der Gesetzgebung vor den technischen von Einfluß gewesen, und er hat deshalb in dem bestehenden Rechte mehr als die deutschen Gesetzbücher geändert. Die Gründe und die Natur dieses überwiegenden Einflusses sind neuerlich in einer sehr geistreichen Schrift so gründlich dargestellt worden[2], daß ich mich begnügen kann, ihre Ansichten hier kurz zusammen zu fassen. Die Revolution nämlich hatte zugleich mit der alten Verfassung auch einen großen Theil des bürgerlichen Rechts vernichtet, beides mehr aus blindem Trieb gegen das bestehende und in aus-

---

[1] Ich werde dabey auf folgende Schriften verweisen: Conférence du code civil avec la discussion . . . du conseil d'état et du tribunat. Paris Didot 1805. 8 vol. in 12. — Code civil suivi de l'exposé des motifs (die Reden im corps legislatif). Paris Didot 1804. vol. 8 in 12 — [55] (Crussaire) Analyse des observations des tribunaux d'appel et du tribunal de cassation sur le projet do code civil. Paris 1802. 4 — Maleville analyse raisonnée de la discussion du code civil, ed. 2. Paris 1807. 4 vol. in 8. Der Code und das Projet de code civil sind ohnehin bekannt.

[2] Rehberg über den Code Napoleon. Hannover 1814. 8.

schweifenden, sinnlosen Erwartungen von einer unbestimmten
Zukunft, als von dem Wahn eines bestimmten, für trefflich ge-
haltenen Zustandes geleitet. Als nun Bonaparte alles unter
militärischen Despotismus zwang, hielt er den Theil der Revolution, der ihm diente und die Rückkehr der alten Verfassung
ausschloß, begierig fest, das übrige, was nun schon Alle anekelte,
und was ihm selbst entgegen gewesen wäre, sollte verschwinden,
nur war dies nicht überall möglich, da die Wirkung der vergangenen [56] Jahre auf Bildung, Sitten und Gesinnungen nicht
auszulöschen war. Diese halbe Rückkehr zu den vorigen ruhigen
Zuständen war allerdings wohlthätig und sie gab dem Gesetzbuch,
das in dieser Zeit entstand, seine Hauptrichtung. Aber diese
Rückkehr war Ermüdung und Überdruß, nicht der Sieg edlerer
Kräfte und Gesinnungen, auch wäre für diese in dem öffentlichen Zustand, der sich nun zur Plage von Europa bildete, kein
Raum gewesen. Diese innere Bodenlosigkeit ist in den Discussionen des Staatsraths unverkennbar und muß auf jeden auf-
merksamen Leser einen trostlosen Eindruck machen. Dazu kam
nun der unmittelbare Einfluß der Staatsverfassung. Dieser
war, als der Code gemacht wurde, der Theorie nach republikanisch
im Sinn der Revolution, in der That aber neigte sich schon
alles zu dem später entwickelten Despotismus. Daher entstand
in den Grundsätzen selbst Schwanken und Veränderlichkeit, so
z. B. erklärte Bonaparte selbst 1803 im Staatsrathe dieselben
Familienfideicommisse für schädlich, unsittlich und unvernünftig[1]),
welche 1806 wieder eingeführt und 1807 in den Code aufgenommen wurden. Weit gefährlicher aber für die Gesinnung war
es, daß durch diesen schnellen Wechsel [57] der letzte so oft be-
schworene Gegenstand des Glaubens und der Verehrung wieder
vernichtet wurde und daß Ausdrücke und Formen nunmehr beständig mit den Begriffen in Widerspruch kamen, wodurch in
den Meisten auch der letzte Rest von Wahrheit und sittlicher
Haltung verschwinden mußte. Es würde schwer seyn, einen

---

[1]) Conférence T. 4. p. 126. „Ces substitutions étaient con-
traires à l'intérêt de l'agriculture, aux bonnes moeurs, à la raison;
personne ne pense à les rétablir."

öffentlichen Zustand zu erfinden, welcher für die Gesetzgebung
nachtheiliger als dieser wirkliche, wäre. Auch blickt bey den Franzosen selbst nicht selten durch die stehenden Lobpreisungen ein Gefühl dieses unseeligen Zustandes und der Unvollkommenheit der auf
denselben gegründeten Arbeit hervor[1]). Für Deutschland aber,
das der Fluch dieser Revolution nicht getroffen hatte, war der
Code, der Frankreich einen Theil des Weges zurück führte, vielmehr ein Schritt vorwärts in den Zustand der Revolution hinein,
folglich verderblicher und heilloser als für Frankreich selbst[2]).
— Doch alle diese Ansichten haben glücklicherweise für uns
Deutsche nur noch ein historisches Interesse. Napoleon zwar
hatte es anders gemeynt. Ihm diente der Code als ein Band
mehr, die Völker zu umschlingen, und darum wäre er für uns
verderblich und [58] abscheulich gewesen, selbst wenn er allen
innern Werth gehabt hätte, der ihm fehlt. Von dieser Schmach
sind wir erlöst, und es wird bald wenig mehr davon übrig seyn,
als die Erinnerung, daß so manche Deutsche Juristen, selbst ohne
allen äußern Beruf, recht vergnügt mit diesem Instrumente ge-
spielt, und uns Heil verkündigt haben von dem, was uns zu
verderben bestimmt war. Jetzt hat der Code eine andere Stellung
gegen Europa angenommen und wir können ihn ruhig und unpartheyisch als ein Gesetzbuch für Frankreich beurtheilen.

Wir betrachten nunmehr den technischen Theil des Code,
welcher gedacht werden könnte ohne alle Revolution, indem er
schon bestehendes Recht enthält[3]). Dieses bestehende Recht aber
ist theils Römisches, theils Französisches (coutumes), so daß auch
dieser Theil des Code in jedem einzelnen Stücke von Frankreich zur
Hälfte neues Recht einführte und nirgends willkommen war[4]); der-

---

[1]) Einige Stellen f. bey Rehberg S. 141. 163. 177. 187.
[2]) Dieses sind im wesentlichen die Ansichten von Rehberg, und
ich sehe nicht, wie man diesen ungerechte Bitterkeit vorwerfen kann: die
Anwendung auf manche einzelne Stellen läßt sich freylich bestreiten.
[3]) Die Beurtheilung des Code von dieser Seite lag außer Rehbergs Zweck. Viel treffliches hierüber enthält Thibauts Rec. von
Rehbergs Schrift in den Heidelb. Jahrb. 1814 Jan. S. 1 u. f.
[4]) Vergl. hierüber die ungemein vortrefflichen Bemerkungen des
Appellationsgerichts von Montpellier bey Crussaire p. 5—9.

felbe Erfolg würde bey einem ähnlichen Verſuche in Deutſchland unvermeidlich ſeyn. Davon abgeſehen, wenden wir uns
nun zur Arbeit ſelbſt. Es iſt ſelbſt in Teutſchland nicht ſelten
der Ernſt und die Gründlichkeit [59] gerühmt worden, womit man
dieſe Arbeit betrieben habe[1]. Daß die vier Redactoren mit
der Grundlage des ganzen (dem projet de code civil) in wenigen
Monaten zu Stande kamen, war freylich nicht zu läugnen: aber
alles, was hier mangeln mochte, ſollte in der Discuſſion des
Staatsraths, dieſem Stolze der Franzöſiſchen Adminiſtration,
vollendet worden ſeyn. Daß in dieſer Discuſſion öfters auch
gute Gedanken vorkamen, iſt wahr, aber den allgemeinen Charakter derſelben hat Thibaut ſehr richtig in oberflächliches Hin-
und Herreden und Durcheinandertappen geſetzt[2]. Doch, was
hier die Hauptſache iſt, das eigentliche techniſche, wovon der
wahre Werth abhieng, iſt ſo gut als gar nicht zur Sprache gekommen. Und wie konnte es auch anders ſeyn! Einem ſehr
zahlreichen und ſehr gemiſchten Collegium konnten wohl Fragen
begreiflich gemacht werden, wie dieſe, ob der Vater ſeine Tochter
ausſtatten müſſe und ob der Kauf wegen großer Läſion an-
gefochten werden könne, aber die allgemeine Theorie des Sachen-
rechts und der Obligationen iſt nun einmal nicht ohne wiſſenſchaftliche Vorbereitung zu verſtehen, ja ſie konnte nicht [60] einmal
zur Sprache kommen bey einer Discuſſion, die den Entwurf
blos nach der Reihe der einzelnen Artikel prüfte, ohne den Inhalt
und die Behandlung ganzer Abſchnitte zu unterſuchen. So iſt
es denn gekommen, daß z. B. die Discuſſion über die Anfechtung
des Kaufs wenigſtens viermal ſo ſtark iſt, als die über die zwey
erſten Kapitel der Verträge[3]. Und doch wird mir jeder Sach-
kundige zugeben, daß für den Werth und die Brauchbarkeit des
Geſetzbuchs überhaupt jene iſolirte Fragen gegen dieſe allgemeinen
Lehren ganz unbedeutend ſind. Der Staatsrath hat alſo an

---

[1] Z. B. von Seidenſticker Einleitung in den Codex Napoleon
S. 221—224.

[2] Heidelb. Jahrb. 1814 Jan. S. 12.

[3] Jene, über art. 1674—1685, ſteht conférence T. 6 p. 43—94,
dieſe, über n. 1101—1133, T. 5 p. 1—21, und davon nimmt der Text
wenigſtens die Hälfte ein.

dem Code, soweit er technisch ist, keinen Theil und der Code
ist und bleibt die sehr schnelle Arbeit der bekannten Redactoren,
eigentlicher Juristen. Und wie stand nun die Rechtswissenschaft
in Frankreich, als diese Männer sich bildeten? Es ist allgemein
bekannt, daß für das Römische Recht Pothier der Leitstern der
neuern Französischen Juristen ist, und daß seine Schriften den
unmittelbarsten Einfluß auf den Code gehabt haben. Ich bin
weit entfernt, Pothier gering zu schätzen, vielmehr wäre die
Jurisprudenz eines Volkes, worin er einer von vielen wäre,
recht gut berathen. Aber eine juristische Literatur, in welcher
er allein [61] steht und fast als Quelle verehrt und studirt wird,
muß doch Mitleid erregen. Betrachten wir ferner diese juristische
Gelehrsamkeit, wie sie in unläugbaren Thatsachen vor uns liegt,
so ist sie in der That merkwürdig. Sehr bedeutend sind schon
solche Erscheinungen wie Desquiron[1]), der von einem Römischen
Juristen Justus Lipsius bald nach den zwölf Tafeln und
von dem berühmten Sicardus unter Theodosius II., Verfasser
des Codex Theodosianus, erzählt; selbst solche Monstrositäten
verstatten einen Schluß auf den mittleren Durchschnitt des wissenschaftlichen Zustandes. Allein wir wollen uns unmittelbar an
die Verfasser des Gesetzbuchs wenden, an Bigot-Preameneu,
Portalis und Maleville. — Von den gelehrten Ansichten
des ersten ist bereits oben (S. 22) eine Probe vorgekommen.
Von Portalis mag die folgende Probe genügen. Der art. 6
enthält die Regel: jus publicum privatorum pactis mutari non
potest. Man hatte den Einwurf gemacht, jus publicum heiße
nicht das Recht, was den Staat interessirt, sondern jedes Gesetz
ohne Unterschied, jedes jus publice stabilitum. Darauf ant-
wortet Portalis[2]): im allgemeinen seyen [62] beide Be-
deutungen des Wortes zuzugeben, aber es frage sich, was es
eben in dieser Stelle des Römischen Rechts heiße. „Or, voici

---

[1]) Desquiron esprit des Institutes de Justinien conféré avec
le code Nap. Paris Renaudière, 1807. 2 vol. 4, in der historischen
Einleitung.
[2]) Moniteur an X. N. 86 p. 339. Die Rede gehört zu den nachher unterdrückten Verhandlungen.

comment est conçu le sommaire de la loi 31me au Digeste de pactis: contra tenorem legis privatam utilitatem continentis pacisci licet .... Ainsi, lo droit public est ce qui intéresse plus directement la société que les particuliers." Ich will nicht davon reden, daß hier jus publicum oberflächlich und schief verstanden ist, aber ich frage: was lag bey dieser allgemeinen Regel daran, wie sich die Römer eine ähnliche Regel dachten? und wenn daran etwas lag, wie war es möglich, ben Sprach- gebrauch der Römer aus einer Stelle des Bartolus (denn von diesem ist das summarium) darzuthun, d. h. diesen mit den Römischen Juristen für Eine Masse zu halten? Das heißt doch wohl tanquam e vinculis sermocinari! Maleville zeigt sich in seinem Buche durchaus als ein ehrenwerther und verständiger Mann: aber einige Spuren seiner juristischen Gelehrsamkeit sind um so entscheidender, da er gerade unter die Repräsentanten des Römischen Rechts bey der Redaction des Code gehörte. So z. B. giebt er eine kleine Übersicht der Geschichte der Usucapion und der res mancipi, die einzig in ihrer Art ist[1]): so lange die Römer nur kleines und nahes [63] Landeigenthum hatten, sagt er, waren zwey Jahre zur Verjährung hinreichend, als sie aber in den Provinzen, also in großer Entfernung von Rom, Land er- warben, wurden zehen Jahre erfordert (die longi temporis prae- scriptio). Res mancipi hießen die Italischen Grundstücke und alle bewegliche Sachen, bey beweglichen Sachen gieng durch bloße Tradition Eigenthum über und Usucapion gieng nur auf res mancipi; bey res nec mancipi aber, d. h. bey Provincialgrund- stücken, gab es eine longi temporis praescriptio, wozu kein Titel gehörte; der Inhaber derselben hieß dominus bonitarius. An einer andern Stelle ist von der Justinianischen Usucapion die Rede: man müsse unterscheiden zwischen dem Diebe selbst und dem dritten, welcher von dem Diebe kaufe, jener brauche 30 Jahre, bey diesem komme die L. un. C. de usuc. transform. in Anwendung, also dreyjährige Verjährung[2]), ganz als ob von res furtiva bey den Römern niemals die Rede gewesen wäre.

---

[1]) Maleville analyse T. 4 p. 358. 359.
[2]) l. c. p. 407.

Ein anderer sehr merkwürdiger Fall betrifft Portalis und Maleville zugleich. Bey der Ehescheidung nämlich wird beständig Römisches Recht mit zur Sprache gebracht, aber Portalis und Maleville gehen aus von einer Geschichte der Römischen Ehescheidung, welche nicht etwa bloß falsch, sondern ganz un[64]möglich ist; so z. B. glauben Beide, die Ehe habe nicht von einem Ehegatten einseitig, sondern nur durch Übereinkunft getrennt werden können, wodurch in der That das ganze Recht der Pandekten, ja selbst das von Justinian über diesen Gegenstand, vollkommen sinnlos wird; selbst die Scheidung durch Übereinkunft sey bey den Römern bloß eine Folge der irrigen Ansicht, daß die Ehe mit anderen Contracten auf gleicher Linie stehe[1])! Und dieses betraf hier nicht etwa eine geschichtliche Curiosität, sondern Grundsätze, welche auf die Discussion unmittelbaren Einfluß hatten, wie denn z. B. gerade das unverständigste in der ganzen Geschichte der Römischen Ehescheidung zum allgemeinen Ekel in den Art. 230 angenommen ist. Dieser Zustand juristischer Gelehrsamkeit aber ist nicht als Hochmuth oder Verstockung auszulegen; bey den Debatten über die Rescission des Kaufs führte einem Staatsrath der Zufall die Dissertation von Thomasius über die L. 2. C. de res. vend. in die Hände, und es ist ordentlich rührend, zu sehen, mit welchem Erstaunen diese Schrift aufgenommen, excerpirt und discutirt wird[2]). Mit ähnlicher und besserer Gelehrsamkeit [65] könnten wir freilich noch in anderen Materien dienen! auch kann man dieser literarischen Unschuld keine nationale Parteylichkeit vorwerfen, denn bekanntlich lebten in Frankreich im 16ten Jahrhundert einige Leute, von denen man noch jetzt Römisches Recht lernen kann. Aber ich selbst habe einen juristischen Professor in Paris sagen hören, die Werke des Cujaz dürften zwar in einer sehr vollständigen Bibliothek nicht fehlen, gebraucht würden sie indessen nicht mehr, weil alles gute aus ihnen bey Pothier stehe.

---

[1]) Conférence T. 2. p. 123. 124. 136. Der Irrthum von Emmery p. 139 ist um einige Grade geringer.

[2]) Conférence T. 6. p. 44.

So viel von dem Boden, worauf der Code gewachsen ist, nun von der Frucht selbst. Materielle Vollständigkeit lag nicht im Plane, es kam daher auf folgende drey Stücke an: Auswahl der Gegenstände, Auswahl der Bestimmungen über jeden Gegenstand, und Verhältniß zu demjenigen, was in subsidium gelten sollte, wo der Code nicht zureichen würde. — Die Auswahl der Gegenstände war für den praktisch gebildeten Juristen das leichteste, aber gerade diese ist hier so ungeschickt ausgefallen, daß für die Anwendung die fühlbarsten Lücken im großen entstehen. Nicht Erfahrung und praktischer Sinn hat sie bestimmt, sondern der Anstoß, welchen herkömmliche Lehrart gegeben hatte, und geht man weiter zurück, so wird man häufig finden, daß wichtige Gegenstände blos deswegen fehlen, weil sie auch gar nicht oder nur beyläufig in Justinians Institutionen vorkommen, die [66] ja so vielen neueren Systemen oft unbemerkt zum Grunde liegen¹). Doch dieser Mangel kann uns gleichgültiger seyn, da er in jedem künftigen Fall leicht zu vermeiden wäre.

Weit wichtiger in dieser Rücksicht, und weit schwerer an sich, ist die Auswahl der Bestimmungen über die wirklich abgehandelten Gegenstände, also das Finden der Regel, wodurch künftig die Masse des einzelnen regiert werden soll. Hier kam es darauf an, selbst im Besitz der leitenden Grundsätze zu seyn, worauf alle Sicherheit und Wirksamkeit im Geschäft des Juristen beruht (S. 13 f.), und worin die Römer so groß als Muster vor uns stehen. Gerade von dieser Seite aber erscheint die Arbeit der Franzosen am allertraurigsten, wie nunmehr in einigen Beyspielen gezeigt werden soll.

Ein Hauptfehler, der überall fühlbar wird, ist dieser. Die Theorie des Vermögensrechts ist im Ganzen die Römische. Bekanntlich beruht aber das Römische Vermögensrecht auf zwey Grundbegriffen, der dinglichen Rechte nämlich und der Obligationen, und jeder weiß, wieviel die Römer mit der Schärfe und Bestimmtheit dieser Begriffe ausrichten. Diese Grundbegriffe nun sind hier nicht etwa blos nirgends definirt, was ich gar

---

¹) Beispiele wichtiger Materien, die im Code ganz oder größtentheils fehlen, stehen in den Heidelb. Jahrb. 1814 Januar S. 13.

nicht tadeln [67] wollte, sondern sie kennen sie gar nicht in dieser Allgemeinheit, und diese Unkunde verbreitet über das ganze Werk mehr Dämmerung, als man glauben sollte. Allein dieser Punkt, so wichtig er ist, bleibt doch zu sehr im allgemeinen stehen; die Lehre von der Ungültigkeit juristischer Handlungen in Anwendung auf die Verträge, auf die actes de l'état civil, und auf die Ehe, wird Gelegenheit geben, mehr in das besondere einzugehen. Für die Ungültigkeit der Verträge hat das Römische Recht den bekannten Unterschied von ipso jure und per exceptionem, der im alten Recht mit der höchsten Bestimmtheit ausgebildet und noch im Justinianischen Recht wohl mehr, als man gewöhnlich annimmt, wirksam geblieben ist. Im Code kommt ein Gegensatz von convention nulle de plein droit und action en nullité ou en rescision vor (a. 1117). Ob die Verfasser diesen Gegenstand für einerlei mit jenem Römischen gehalten haben, kann uns gleichgültig seyn: aber sehr wichtig ist es, daß die Theorie dieser indirecten Ungültigkeit (durch action en nullité) ganz unbestimmt gelassen ist. Es kommt fast nichts davon vor, als die Zeit der Verjährung (a. 1304), während sehr viele und sehr wichtige Verschiedenheiten der Wirkung gerade so noch jetzt statt finden können, wie sie bei den Römern statt fanden, also auf irgend eine Weise bestimmt werden mußten, da die Sache einmal angeregt war. — Für die [68] actes de l'état civil ist eine Menge von Förmlichkeiten vorgeschrieben, die ihrer Natur nach ganz willkührlich sind (L. 1. T. 2. Ch. 1.). Aber eben deshalb war es doppelt nöthig zu bestimmen, was für Folgen die Vernachläßigung dieser Formen haben sollte. Mehrere Gerichtshöfe machten auf diese Nothwendigkeit aufmerksam[1]), dennoch enthält der Code davon gar nichts. Man sollte nun denken, in Paris sey man über die Sache selbst so sicher und einig gewesen, daß man eine ausdrückliche Bestimmung für überflüßig gehalten hätte; keinesweges. — Cambaceres nimmt an, die Nichtbeobachtung jeder Form erzeuge Nullität, d. h. sie vernichte alle Beweiskraft der Urkunde. Trouchet dagegen meynt, bey Geburt und Tod komme auf die Formen gar nichts an, und

---

[1]) Lyon und Rouen, bey Crussaire p. 43. 52.

Falsum allein könne entkräften: bey Ehe hingegen, lasse sich allerdings eine solche Nullität wegen fehlender Form denken[1]). Simeon aber nimmt an, die nichtbeobachtete Form entkräfte niemals den Beweis, also auch nicht bey Ehe[2]). Ist nun diese Meynung richtig, so gehörten alle diese Formen gar nicht in den Code, sondern in die bloße Instruction der Beamten, die Fassung des Code also spricht eigentlich gegen diese Meynung. Die Sache ist aber um so schlimmer, da diese [69] Formen bey den Todtenlisten wenigstens in Paris ganz unausführbar sind, und auch in den Provinzen ihre Aufrechthaltung nur gewünscht wird[3]). — Noch weit wichtiger aber ist die Lehre von der Ungültigkeit der Ehe. Das Römische Recht hatte hier einen sehr einfachen und sehr klaren Weg eingeschlagen. Fehlte eine Bedingung gültiger Ehe, so hieß es: non est matrimonium, und auf dieses Nichtdaseyn konnte sich zu jeder Zeit jeder berufen, der Lust dazu hatte; eine besondere Klage zur Aufhebung war nicht nöthig, ja nicht denkbar, also gab es auch keine Verjährung noch andere Beschränkung dieses Rechts. Diese Einfachheit genügte, weil für jeden andern Fall die einseitige Ehescheidung aushalf; daß man in unsern Zeiten damit nicht auskam, war natürlich, und man konnte also außer den Fällen jener Nullität (welche ich die Römische Nullität nennen will) noch ein besonderes Recht auf Anfechtung aufstellen, was man (da es auf das Wort nicht ankommt) immerhin action en nullité nennen mochte. Wie verhält sich nun dazu der Code? er nimmt zweyerlei Nullitäten an, absolute und relative (L. 1. T. 5. Ch. 4.). Dieses möchte man wohl gerade für den hier beschriebenen Gegensatz halten, so daß z. B. Vernachlässigung der Trauungsform eine römische Nullität wäre. Genau so versteht es auch [70] Portalis[4]), der eben für diesen speciellen Fall die wahre, ächte Nullität mit lebhaften Farben ausmahlt. Allein Maleville nimmt die Römische Nullität (das non est matrimonium) außer allen diesen Anfechtungsrechten (mariage qui

---

[1]) Conférence T. I. p. 204. 267.
[2]) Motifs T. 2. p. 115.
[3]) Maleville T. 1. p. 104.
[4]) Motifs T. 2. p. 255.

peut être cassé) und verschieben von denselben an, so daß es
dreyerlei gäbe: 1. non est matrimonium; 2. absolute Nullität
des Code; 3. relative Nullität [1]). Auch bey N.
2 läßt sich wohl
etwas denken, nämlich es wäre ein Klagerecht auf Vernichtung,
was jeder hätte, aber doch ein bloßes Klagerecht, so daß ohne
alle Klage, und wenn z. B. ein Ehegatte gestorben wäre, die
Ehe mit allen Folgen gültig bliebe; nur wäre das freylich eine
überflüssige Subtilität. Aber noch verwickelter ist die Ansicht
von Maleville in dem speciellen Fall, wenn die Trauungsform fehlt. Diese Ehe, sagt der Art. 191, peut être attaqué von
jedermann; aber Art. 193 läßt merken, es werde Fälle dieser
Art geben, in welchen die Ehe nicht werde aufgehoben werden,
doch ohne diese Fälle zu nennen. Aus beiden Stellen zieht
Maleville folgendes Resultat [2]): die Ehe peut être attaqué,
d. h. man kann auf Aufhebung klagen, das Gesetz verwehrt die
Klage nicht, aber was der Richter thun will, ist seine Sache,
oder mit [71] andern Worten, die Aufhebung der Ehe hangt
von der Willkühr des Richters ab. Das wäre folglich noch eine
vierte Art der Ungültigkeit, verschieden von den drey oben angegebenen. Schwerlich giebt es einen Fall, in welchem richter-
liche Willkühr gefährlicher und unpassender ist als in diesem. Ob
sie gilt, steht freylich dahin, denn das Gesetz sagt davon eigentlich
nichts, und zwei Redactoren haben darüber, wie ich gezeigt habe,
ganz entgegengesetzte Meynungen. Aus zwey Gründen aber wird
diese Ungewißheit noch besonders hart: erstlich, weil sich in
Paris (und wahrscheinlich nicht bloß da) die meisten Armen
der Kosten wegen gar nicht trauen lassen [3]), zweytens weil die
Form der Trauung selbst eine höchst schwankende Bedingung in
sich faßt. Nämlich die Trauung muß nothwendig von dem
officier du domicile eines der beyden Ehegatten geschehen, so
daß nicht einmal Delegation zulässig ist [4]). Aber das domicile
ist hier nicht das sonst gewöhnliche (Art. 102), sondern ein be-

---

[1]) Maleville T. 1. p. 165.
[2]) Maleville T. 1. p. 206.
[3]) Maleville T. 1. p. 327.
[4]) Maleville T. 1. p. 96.

sonberes, für die Trauung allein erfunbenes, nämlich Aufenthalt von 6 Monaten (Art. 74), so baß man nicht einmal zwischen beiben Arten von domicile zu biesem Zwecke bie Wahl hat[1]). Wie oft nun muß es bey manchen Gewerben zweifelhaft seyn, ob man auch [72] bey bem besten Willen ben rechten Beamten getroffen hat! In jebem Falle bieser Art aber ist bas ganze Schicksal einer Familie ber völlig blinben Willkühr eines Gerichts überlassen, welchem bey keiner möglichen Entscheidung ein Vorwurf gemacht werben kann, ba jebe Entscheibung bie angesehensten Autoritäten für sich hat. Unb ber erste Grund bieses heillosen Schwankens ist, baß man nicht von einem be= stimmten, entscheibenben Begriffe ausgegangen ist, sonbern sich in steter Verwirrung zwischen wahrer Nullität unb Anfechtungs= recht hin und her bewegt hat, ohne jemals aus ber Unklarheit heraus kommen zu können[2]), woburch bie gänzliche Unnützlich= keit ber Staatsrathsbiscussionen in technischen Dingen recht anschaulich wirb. Bey ben Römern waren solche Dinge gar nicht möglich, unb es war bieje Unmöglichkeit nicht etwa ber Gipfel ihrer Kunst, sonbern ber erste Anfang: bas heißt, sie waren Männer vom Fach, während bieje Nebactoren unb Staatsräthe reben unb schreiben wie [73] Dilettanten, ober mit anberen Worten, jene brauchten kein Gesetzbuch, bieje sollten keines machen wollen. Noch wirb burch biesen Fall recht an= schaulich, was oben über bie Gefährlichkeit unnöthiger unb unberufener Gesetzgebung gesagt worben ist. Eine Verwirrung ber Begriffe, wie bie hier beschriebene, kann viele Jahre ba seyn, unbemerkt unb unschäblich, weil sich burch Gebrauch bas

---

[1]) Maleville T. 1. p. 182.
[2]) Die vergeblichen Bemühungen stehen conférence T. 2. p. 79—90. Der Gipfel ber Verwirrung ist in ber Bemerkung von Tronchet p. 84 que jamais le mariage n'est nul de plein droit; il y a toujours un titre et une apparence qu'il faut détruire. Wenn jemanb mein Haus besitzt, so giebt es auch uno apparence à détruire (etwas blos factisches), bazu bient bie Vinbication; aber sein angebliches Recht bes Eigenthums ist bennoch nul de plein broit. b. h. es ist gar nicht ba, unb bieses aufzuheben brauche ich keine Klage. Bey Testamenten läßt es sich burch ben Gegensatz ber alten Nullität wegen eines präte= rirten Sohnes, unb ber querela inofficiosi, recht beutlich machen.

alles in ein gewisses leibliches Gleichgewicht gesetzt hat. Aber jetzt wird sie gesetzlich ausgesprochen, und wohl gar durch Discussion ohne Erfolg zur allgemeinen Kenntniß gebracht, und nun wird sie gefährlich, nun wird sie in der Hand des Ungerechten ein Mittel, Andere zu bestricken und zu übervortheilen. Dieses wäre eine politische Deutung der Regel: omnis definitio in jure civili periculosa est.

Zuletzt ist noch bey dem Code über dasjenige zu sprechen, was in subsidium gelten soll, wo er nicht zureicht. Über den Umfang und die Wichtigkeit desselben haben sich die Franzosen nicht getäuscht, sie haben eingesehen, daß eigentlich die allerwenigsten Rechtsfälle unmittelbar durch eine Stelle des Code entschieden werden können, daß also fast überall jenes unbekannte das wahrhaft entscheidende seyn müsse[1]). Aber über die Natur des[74]selben erklären sie sich etwas mannigfaltig, sie behandeln es wie eine unbestimmte Größe, welche viele Werthe haben kann. Als solche Werthe nämlich kommen vor[2]): 1. équité naturelle, loi naturelle; 2. Römisches' Recht; 3. die alten coutumes; 4. usages, exemples, décisions, jurisprudence; 5. droit commun [3]); 6. principes généraux, maximes, doctrine, science. Über das Verhältniß dieser sehr verschiedenen Werthe zu einander wird gar nichts gesagt, außer einmal, daß das Naturrecht nur in subsidium gelte, wenn selbst usage und doctrine nicht ausreiche[4]). Wir wollen es versuchen, bestimmte Resultate hieraus zu ziehen.

Zuvörderst ist es auffallend, daß Eine Art der Ergänzung

---

[1]) Portalis in conférence T. 1. p. 29.; Boulay im Monitour au X. N. 86. p. 343. „On sait quo jamais, on presque jamais, dans aucun pro[74]cès, on ne peut citer un texte bien clair et bien précis de loi, en sorte que ce n'est jamais quo par lo bon sens et par l'équité que l'on peut décider."

[2]) Conférence T. 1. p. 27. 29. Motifs T. 2. p. 17. 18. Maleville T. 1. p. 13. Projet, discours préliminaire p. XI. XII. XIII.

[3]) Bonaparte in conférence T. 2. p. 327. Avis du conseil d'état im Bulletin des lois und bey Locré T. 3. p. 104. „les divers cas que la loi . . . a laissés à la disposition des principes généraux et du droit commun."

[4]) Projet l. c.

gar nicht vorkommt, die organische nämlich, welche von einem
gegebenen Punkt (also von einem Grundsatz des Gesetzbuchs)
mit wissenschaftlicher Sicherheit auf einen nicht gegebenen schließt.
Unsere Juristen haben davon unter dem Namen Analogie und
argumen[75]tum legis etwas beschränkte Begriffe, und auch bey
den Franzosen findet sich einmal beyläufig eine Ahnung davon[1]).
Aber daß nicht eigentlich Gebrauch davon gemacht wird, ist wohl
nicht zufällig. Dieses Verfahren setzt in dem Gesetzbuch selbst
eine organische Einheit voraus. An eine solche aber ist auch
hier nicht entfernt zu denken, weder materiell noch formell. Nicht
materiell, denn der Code enthält bloß mechanisch vermengt die
Resultate der Revolution und das vorige Recht (S. 33), ja auch
das vorige Recht ist in ihm nichts in sich verbundenes, da er
eine transaction zwischen Römischem Recht und coutumes seyn
soll, wie öfters von ihm gerühmt worden ist. Formelle Einheit
würde er seyn, wenn er von den Juristen, seinen Verfassern,
durch die verarbeitende Kraft des Gedankens zu einem logischen
Ganzen geworden wäre, aber daß man sich nicht so hoch ver-
stiegen hat, wird durch die bisherige Darstellung klar geworden
seyn. Demnach blieb freylich nichts übrig, als eine Ergänzung
von außen zu suchen.

Die oben angegebenen Ergänzungsmittel, welche [76] bey den
französischen Schriftstellern selbst vorkommen, lassen sich noch sehr
reduciren. Das Naturrecht ist wohl mehr zum Staat als zum ernstlichen Gebrauch mit aufgeführt; wo von besondern Anwendungen
die Rede ist, wird keine Notiz davon genommen, und nur in Deutschland hat man den Zustand der Französischen Richter wegen des
freyen Gebrauchs dieser Rechtsquelle glücklich gepriesen[2]); ich
wünschte aber wohl gegenwärtig zu seyn, wenn ein Französisches

---

[1]) Projet, discours préliminaire, p. XIX. „Dans cette immensité
d'objets divers, qui composent les matières civiles, et dont le juge-
ment, dans le plus grand nombre des cas, est moins l'application
d'un texte précis que la combinaison de plusieurs textes qui conduisent
à la décision bien plus qu'ils ne la renferment, on ne peut pas plus
se passer de jurisprudence que de lois.“

[2]) Schmid Einleitung in das bürgerliche Recht des Franz. Reichs
B. 1. S. 21—23. 373. 374.

Gericht nach dem Naturrecht entscheidet, ob eine Ehe wegen unvollkommener Form der Trauung ungültig ist. Die übrigen
Stücke kommen zurück auf diese zwey: 1. bisheriges Recht; 2.
wissenschaftliche Theorie. Diese sind nun einzeln zu prüfen.

Das bisherige Recht ist bekanntlich nicht blos, wo es dem
Code widerspricht, sondern in allen Materien, die der Code berührt, aufgehoben (Art. 4), also so gut als überall. Indessen
sind die Franzosen über die Bedeutung dieser Aufhebung mehr
im klaren, als die Deutschen Juristen, welche aus Haß oder
Neigung gegen das Römische Recht viel darüber gestritten haben.
Jene nehmen an, das Römische Recht sowohl als die coutumes
zu befolgen, sey dem Richter erlaubt, aber es sey ihm nicht [77]
geboten, und zwar habe das den Sinn, daß ein richterliches
Urtheil nicht deswegen cassirt werden könne, weil es diesen Rechtsquellen widerspreche [1]). Dasselbe gilt nun auch vom vormaligen
Gerichtsgebrauch [2]), wie denn auch unzähligemal die alte jurisprudence als Quelle angeführt wird. Ohne Zweifel denkt man
sich das nicht so, daß jeder Richter in einem Fall, den der Code
unentschieden läßt, zwischen Römischem Recht und irgend einer
coutume wählen dürfe, denn sonst wäre die Willkühr zu un-
geheuer, sondern jeder soll das Recht befolgen, was in dieser
Gegend vormals galt, d. h. entweder Römisches Recht, durch
den alten Gerichtsgebrauch modificirt, oder eine spezielle coutume
mit derselben Modification. Die nothwendige Folge davon wird
wiederum eine große Rechtsverschiedenheit in den Sprengeln der
einzelnen Appellationsgerichte seyn, und diese Verschiedenheit wird
jetzt, wo sie in der Stille, gegen die Absicht des Gesetzes, und
mit Verwirrung der vorigen Gränzen statt finden muß, ein
wahres Übel seyn, was sie vormals nicht war. Dabey wird
aber schon der günstige Fall vorausgesetzt, daß die Gerichte auf
diese regelmäßige Weise von der Erlaubniß jener entfernten
Rechtsquellen Gebrauch machen wollen. Aber wer bürgt dafür,
da es ihnen nicht geboten [78] ist? Wenn also in einem Rechtsfall ein Gericht vorzieht, irgend eine beliebige équité oder loi

---

[1]) Maleville T. 4 p. 414—417.
[2]) Locré T. 3 p. 443 ed. Paris 1805. 8.

naturelle anzuwenden aus besonderer Überzeugung, oder als Vorwand einer Ungerechtigkeit, so kann ihm durchaus kein Vorwurf gemacht werden, denn das Gesetz läßt dieses alles gelten. Man sage nicht, das Cassationsgericht werde die künftige Praxis in Ordnung, ja sogar in Gleichförmigkeit erhalten: das Cassationsgericht soll ja bloß cassiren, wo gegen ein Gesetz des Code oder ein neueres Gesetz gesprochen wird: der Spruch für oder wider loi naturelle, Römisches Recht, coutume oder jurisprudence liegt also ganz außer der Wirksamkeit jenes Gerichtshofes. Endlich ist auch noch der wichtige Umstand zu bemerken, daß in allen aus der Revolution hervorgegangenen Stücken des Code das vorige Recht gar keinen Schutz gegen die blindeste Willkühr gewährt. Auch dafür mag wiederum das oben gewählte Beyspiel von Ungültigkeit der Ehe zur Erläuterung dienen.

Das zweyte, was als Supplement des Code gelten kann, ist die wissenschaftliche Theorie. Portalis beschreibt diese einmal sehr prächtig: sie sey wie das Meer, die Gesetze seyen die Ufer [1]. In Frankreich hat es nun freylich mit diesem Meere nicht viel zu bedeuten, denn eine Rechtswissenschaft, die nicht auf dem Boden [79] gründlich historischer Kenntniß ruht, versteht eigentlich nur Schreibersdienst bey dem Gerichtsgebrauch. So ist es in Frankreich in der That, und eine von dem Gerichtsgebrauch verschiedene Theorie existirt da eigentlich nicht, so daß alles, was über die Unsicherheit des praktischen Rechts gesagt worden ist, auch die Theorie trifft. Die Lehranstalten allein haben ihrer Natur nach eine ganz theoretische Form: von diesen wird im folgenden Abschnitt bequemer gesprochen werden können.

Allerdings können einige Umstände eintreten, wodurch der Zustand der praktischen Rechtspflege günstiger ausfällt, als hier angedeutet worden ist. Durch Unkenntniß und Geistesträgheit kann es dahin kommen, daß einzelne Quellen und Schriftsteller in vielen Gerichten gleichförmig befolgt werden, so z. B. kann man die coutume von Paris mit ihrem Commentator Ferriere weit und breit bequem finden, auch wo sie sonst nicht gegolten hat. Auch mögen in der alten jurisprudence gar manche Sätze

---

[1] Moniteur an X. p. 337.

ziemlich allgemein angenommen gewesen seyn. Vielleicht ist es
etwas der Art, was man sich unter dem oben genannten droit
commun (S. 44) denkt. Ferner muß man nicht glauben, daß
gerade alle hier genannten Übel als solche empfunden werden
müssen; die Römer des vierten und fünften Jahrhunderts nach
Christus haben auch nicht daran gedacht, daß wir sie wegen
ihres tiefen Verfalls bedauern würden. Im Ganzen aber ist
[80] doch nicht zu leugnen, daß ein Zustand sehr großer Rechtsungewißheit zu befürchten ist. Dieser Zustand nun ist unerträglich; denn ob an verschiedenen Orten verschiedenes Recht gilt,
daran liegt wenig, aber wenn für einen gegebenen einzelnen
Fall das Recht dem Zufall und der Willkühr preisgegeben ist,
so ist das schlimmste eingetreten, was für die Rechtspflege gedacht werden kann, und dieses Übel wird gewiß von jedem
empfunden.

Es verdient die rühmlichste Anerkennung, daß in Frankreich
wenigstens Eine wahre und gründliche Stimme über das, was
man thun wollte, gehört worden ist: aber diese Stimme ist ver-
hallt ohne Spur einer Wirkung. Das Tribunal von Montpellier
spricht über den künftigen Gerichtsgebrauch, wodurch der Code
ergänzt werden soll, also[1]): „Mais quelle jurisprudence! n'ayant
d'autre règle que l'arbitraire sur l'immensité d'objets à co-
ordonner au système de la législation nouvelle, à quelle unité,
à quel concert faudrait-il s'attendre de la part d'une pareille
jurisprudence, ouvrage de tant de juges et de tant de tribunaux, dont l'opinion ébranlée, par les secousses révolution-
naires, serait encore si diversement modifiée! quelle serait
enfin le régulateur de cette jurisprudence disparate, qui devrait
nécessairement se com[81]poser de jugemens non sujets à
cassation, puisqu'ils ne reposeraient pas sur la base fixe des
lois, mais sur des principes indéterminés d'équité, sur des
usages vagues, sur des idées logiciennes, et, pour tout dire en un
mot, sur l'arbitraire! A un système incomplet de législation
serait donc joint pour supplément une jurisprudence défec-
tueuse." Diesem Übel zu begegnen, heißt es weiter, könne man

---

[1]) Crussaire p. 8.

zwey Wege einschlagen. Entweder den Code blos betrachten als Institutionen, und ihm ein zweytes, ausführlicheres Werk beygeben, was den Zweck von ·Justinians Pandekten und Codex hätte. Oder man könnte zweytens und besser als Regel das bisherige, verschiedene Recht bestehen lassen, und blos in einzelnen bestimmten Stücken neues und gleichförmiges Recht durch ganz Frankreich einführen, das heißt also, kein Gesetzbuch machen. Dieses ist der eigentliche Vorschlag, und die ganze Art, wie er ausgeführt und begründet wird, ist so gediegen und ächt praktisch, daß man in dieser Umgebung durch so frische Gedanken zwiefach erfreut wird [1]).

Ich wende mich nun zum Preussischen Landrecht. Zur Geschichte desselben dienen zunächst die officiellen Bekanntmachungen über diesen Gegenstand [2]), dann einige [82] Stellen aus **Kleins** Schriften [3]) der wichtigste Beytrag aber von **Simon** ist erst 1811 durch folgende Veranlassung erschienen [4]). Die Materialien der gesammten neuen Gesetzgebung nämlich sind noch größtentheils vorhanden; diese zu ordnen und dadurch erst brauchbar zu machen, wurde dem eben genannten Rechtsgelehrten übertragen, und dessen Bericht über dieses Geschäft giebt eine so gründliche und vollständige Geschichte der ganzen Unternehmung, daß dagegen die bisherigen Nachrichten fragmentarisch und zum Theil unzuverlässig erscheinen. Es ist nicht möglich,

---

[1]) Die ganze Stelle ist abgedruckt in der Beylage II zu dieser Ausgabe.

[2]) Cabinetsordre v. 1780 vor dem Corpus juris Fridericianum B. 1. Berlin 1781. 8. — Die Vorerinnerungen vor dem Entwurf des Gesetz[82]buchs Th. 1. Abth. 1. und Th. 2. Abth. 1. und 3 — Cabinetsordre von 1786 in **Kleins** Annalen Th. 1. S. XLIX. — Publicationspatente von 1791 und 1794 vor dem Gesetzbuch (1791) und dem Landrecht (1794).

[3]) **Kleins** Annalen B. 1. und B. 8., gleich im Anfang beider Bände. — **Kleins** Selbstbiographie. Berlin 1806. 8. S. 47.

[4]) Bericht des Justizkommissarius **Simon** über Redaktion der Materialien der preuss. Gesetzgebung, in **Mathis** jur. Monatsschrift B. 11. Heft 3. S. 191 — 286 nebst einem Konspektus der Materialien. — Die Materialien zum Landrecht allein (ohne die Gerichtsordnung) betragen 1500 — 2000 einzelne Stücke in 88 Folianten.

in dieſer trefflichen Schriſt zu ſehen, wie durch vereinte und
ſtets wiederholte Arbeit der eigentlichen Redaetoren, der Geſetz-
kommiſſion, der Landescollegien, der ſtändiſchen Deputirten, und
vieler Gelehrten und Geſchäftsmänner aus allen Theilen von
Deutſchland das Landrecht entſtanden iſt, ohne vor dem [83]
Ernſt und der Ausbauer, die darin bewieſen worden ſind, große
Achtung zu empfinden; die Seele des Ganzen aber war der
geiſtreiche Suarez, durch welchen Einheit in der Wirkſamkeit
ſo vieler und verſchiedener Mitarbeiter erhalten wurde. Gleich
von dieſer Seite wird kein Unbefangener den Code mit dem
Landrecht vergleichen wollen: nicht blos die Gewiſſenhaftigkeit
und Liebe zur Sache, die den beſſeren Teutſchen natürlich iſt,
erklärt dieſen Unterſchied, ſondern auch die ganz verſchiedene
äußere Lage, aus welcher beide Geſetzbücher hervorgingen: der
Code ſollte ſchnell fertig ſeyn, um manches drückende Übel aus
der Revolution zu mildern, und um alles auf gleichen Fuß zu
ſetzen, während das Landrecht blos mit dem Zweck und dem
Gefühl, etwas treffliches zu leiſten, ohne äußere Noth, die dazu
drang, bearbeitet wurde. Was ich als einen zweyten großen
Vorzug des Landrechts betrachte, iſt das Verhältniß deſſelben
zu den localen Quellen; es ſollte blos als ſubſidiariſches Recht
an die Stelle des „Römiſchen, gemeinen Sachſen- und andrer
fremden ſubſidiariſchen Rechte und Geſetze treten" [1]), und alle
Provincialrechte ſollten fort beſtehen, aber auch binnen drey
Jahren zu beſonderen Geſetzbüchern verarbeitet werden [2]). —
Andere werden dieſes Verhältniß [84] vielmehr als eine Unvollkommenheit des Landrechts betrachten.

Sehen wir aber auf die innere Entſtehung des Landrechts,
ſo wird auch dadurch unſre Anſicht beſtätigt, nach welcher in
dieſer Zeit kein Geſetzbuch unternommen werden ſollte. Der
Plan, nach welchem gearbeitet wurde, liegt vor Aller Augen.
Das Juſtinianiſche Recht ſollte dergeſtalt Grundlage des Ganzen

[1]) Publicationspatent § 1.
[2]) Dieſes iſt indeſſen für Oſtpreuſſen etwas ſpäter geſchehen (Oſt-
preuſſiſches Provinzialrecht. Berlin 1801. 8.), für die übrigen Provin-
[84]zen gar nicht. Es gilt alſo da das beſondere Recht in ſeiner alten
Form.

ſeyn, daß davon nur aus beſonderen Gründen abgewichen
werden ſollte. Dieſe Gründe wurden darin geſetzt, wenn ein
Satz des Römiſchen Rechts aus der ſtoiſchen Philoſophie, oder
der beſondern Verfaſſung, z. B. der Politik der Kaiſer, oder
aus den ſpitzfindigen Fictionen und Subtilitäten der alten
Juriſten entſtanden wäre [1]). Dadurch zerfällt das Römiſche
Recht im Verhältniß zum Landrecht in zwey Theile, einen anwendbaren als Regel, und einen unanwendbaren als Ausnahme,
und es entſtand die boppelte Aufgabe, die Ausnahme gehörig
abzuſondern, und die Regel gründlich zu verſtehen. Nämlich
was in der That [85] auf ſtoiſcher Philoſophie oder beſonderer
Verfaſſung beruht, und was eine verwerfliche Subtilität iſt,
kann offenbar nur von einer ſehr gründlichen Rechtsgeſchichte
aus erkannt werden; dieſelbe geſchichtliche Kenntniß und zugleich
ein lebendiges Quellenſtudium iſt nöthig, wenn das anwendbare
recht verſtanden und zu wirklicher Anwendung erſprießlich bearbeitet werden ſoll. Ob nun die Schulen von Nettelbladt
und Darjes, in welchen gewiß die Meiſten gebildet worden
ſind, die auf das Landrecht großen Einfluß gehabt haben, im
Beſitz dieſer geſchichtlichen Kenntniſſe und dieſes Quellenſtudiums
waren, überlaſſe ich jedem aus den Schriften dieſer Schulen
und ihrer Meiſter zu beurtheilen [2]). Der Anfang des Ganzen
ſollte ein vollſtändiger Auszug der Juſtinianiſchen Rechtsbücher
ſeyn. Dazu war Anfangs an Schloſſer der Antrag gemacht
worden, mit welchem man aber über die Bedingungen nicht
einig werden konnte [3]). Der Auszug ſelbſt wurde nun von
D. Vollmar nach einem ſyſtematiſchen Plane von Suarez
gemacht; zur Kontrolle der Vollſtändigkeit verfertigte Vollmar
ein Verzeichniß aller Stellen des Corpus juris nach Ordnung
der Quellen, ſo daß bey jeder Stelle bemerkt wurde, wo

---

[1]) Entwurf des Geſetzbuchs Th. 1. Abth. 1. S. 5. 6. Kleins
Annalen B. 8. S. XXVI — XXIX. Simon S. 197 — 199.
Mehrere der wichtigſten Neuerungen wurden noch in der allerletzten
Reviſion des Landrechts weggelaſſen. Simon S. 235.

[2]) Hugo über Daniel Nettelbladt, civiliſtiſches Magazin
B. 2. N. 1.

[3]) Simon S. 198.

4*

[86] sie in jenem Systeme vorkomme, oder warum sie da fehle. Dieser systematische Auszug wurde dann von Vollmar und Pachaly verarbeitet, welche Verarbeitung als das erste Material der eigentlichen Redaktion anzusehen ist [1]). Dieses Material ist allerdings unglaublich oft geprüft und wieder bearbeitet worden, und gewiß ist im Landrecht davon sehr wenig unmittelbar übrig geblieben. Aber nicht blos hangt in der Richtung jedes Geschäfts von großem Umfang ungemein viel von dem ersten Anstoß ab, sondern gerade hier konnte gar vieles beynahe nur in dieser ersten Grundlage geschehen, und was von Vollmar gethan und unterlassen worden ist, muß wohl für alle nachfolgende Arbeiten sehr bestimmend gewesen seyn. Sollte dieser überwiegende Einfluß vermieden werden, so hätte ein Anderer, unabhängig von Vollmars Arbeit, und unmittelbar aus den Quellen selbst, das erste Material nochmals aufstellen müssen, und darin allein hätte eine durchgreifende Probe für Vollmars Arbeit, was die Kenntniß und den Gebrauch der Quellen betrifft, bestehen können. Dieses ist nicht geschehen, alle folgende Revisionen sind wahrscheinlich hierauf am wenigsten gerichtet gewesen, und so steht Vollmars Arbeit sehr allein, obgleich man ihn blos als Sammler betrachtet, auch nicht vorzüglich geschätzt [87] zu haben scheint [2]). Gerade für diese Stelle wäre ein Mann von Geist und Gelehrsamkeit sehr wünschenswerth gewesen, und es wäre interessant, wenn man wenigstens nach einzelnen Proben vergleichen könnte, wie Schlosser die Aufgabe gelöst haben würde. Vielleicht lag aber in dem Mechanismus des ganzen Geschäfts ein Grund.

---

[1]) Simon S. 200 — 202.
[2]) Simon S. 202. — Von Vollmar existiren folgende Schriften: 1) De condictionum indole. Hal. 1777. (Simon S. 200). 2) De intestatorum Atheniensium hereditatibus Traj. ad. Viad. 1778. (Schott Critik B. 10. S. 79). 3) Erörterung der Begriffe Erbschaft ex asse ⁊c. Breslau 1780. (ib. S. 82). 4) Varia quae ad leges Romuleas et magistratus pertinent. Vratislav. 1779. 8. 5) Über ursprüngliche Menschenrechte. Breslau 1793. 8. (Ersch Literatur der Jurisprud. S. 272). Ich kenne davon nur die vierte, und diese ist allerdings wenig bedeutend.

warum dieser Auftrag. für einen Mann von Bedeutung und
Selbstständigkeit nicht passend gewesen wäre.

Sieht man auf das Resultat, wie es vor uns liegt, so ist
ein bestimmtes Urtheil schwerer als bey dem Code, weil die
Verhandlungen, woraus dieses Resultat hervorgegangen ist,
nicht bekannt gemacht sind. Auch scheint es, daß der Plan des
Werks, so wie der ganzen Rechtspflege, die darauf gegründet
werden sollte, nicht immer derselbe gewesen ist. Ursprünglich
hatte unläugbar Friedrich II. die Absicht, daß das Gesetzbuch
höchst einfach, populär und zugleich materiell vollständig seyn
sollte, so daß das Geschäft des Richters in einer Art mechanischer [88] Anwendung bestehen könnte [1]). Diesem gemäß verbot
er schlechthin alle Interpretation, und wollte, daß bey unzu-
länglichen oder zweifelhaften Gesetzen, in jedem einzelnen Fall
bey der gesetzgebenden Gewalt angefragt würde [2]). Auch noch
im Entwurf des Gesetzbuchs ist die Interpretation dem Richter
eigentlich ganz untersagt, und alles an die Gesetzcommission
auch für einzelne Fälle gewiesen [3]). Ganz anders nach dem
Landrechte; dieses will, daß der Richter auch auf den Grund
des Gesetzes sehe, vorzüglich aber, daß er jeden Fall, für welchen
er kein Gesetz findet, nach den allgemeinen Grundsätzen des
Gesetzbuchs und nach den Gesetzen ähnlicher Fälle entscheide [4]);
die Anfrage bey der Gesetzcommission war schon dadurch äußerst
beschränkt, und selbst wo sie statt fand, war doch nur der
anfragende Richter an den Ausspruch gebunden, und es galten
Rechtsmittel gegen [89] das Urtheil [5]). In der neuesten Aus-

---

[1]) Cabinetsordre von 1780 S. XII. XIII. „Wenn Ich . . . .
Meinen Endzweck . . erlange, so werden freylich viele Rechtsgelehrten
bey der Simplifikation dieser Sache ihr geheimnißvolles Ansehen verlieren, um ihren ganzen Subtilitäten-Kram gebracht, und das ganze
Corps der bisherigen Advokaten unnütz werden. Allein ich werde dagegen . . . . desto mehr geschickte Kaufleute, Fabrikanten und Künstler
gewärtigen können, von welchen sich der Staat mehr Nutzen zu ver-
sprechen hat."
[2]) a. a. O. S. XIII.
[3]) Entwurf Einl. § 34—36.
[4]) Landrecht Einl. § 46. 49.
[5]) Landrecht Einl. § 47. 48.

gabe des Landrechts aber ist auch diese beschränkte Anfrage
aufgehoben, und die Interpretation des Richters für jede Art
von Fällen gestattet ¹). Dadurch ist denn allerdings die ganze
Lage des Richters anders, als Friedrich II. sie gedacht zu haben
scheint, und dem ganzen Richteramte wird dadurch ein mehr
wissenschaftlicher und weniger mechanischer Charakter zuerkannt.
Dennoch ist dieses nur eine einzelne Abweichung von der Regel,
es soll offenbar nur von den als selten gedachten Ausnahmen
gelten, in welchen ein unmittelbar bestimmendes Gesetz fehlen
würde, ja ein Fall dieser Art soll, sobald er vorkommt, angezeigt und durch ein neues Gesetz entschieden werden ²). Die
eigentliche Tendenz des bestehenden Gesetzes selbst also geht auch
jetzt noch darauf, daß die einzelnen Rechtsfälle als solche vollständig aufgezählt, und einzeln entschieden werden. Und gerade
darin ist die Methode des Landrechts der oben beschriebenen,
welche wir in den übrig gebliebenen Schriften der Römischen
Juristen finden, entgegen gesetzt; nicht zum Vortheil des Landrechts, wie es [90] mir scheint. Bey den Römern beruht alles
darauf, daß der Jurist durch den lebendigen Besitz des Rechts-
systems in den Stand gesetzt wird, für jeden gegebenen Fall
das Recht zu finden. Dazu führt die scharfe, individuelle Anschauung der einzelnen Rechtsverhältnisse, so wie die sichere
Kenntniß der leitenden Grundsätze, ihres Zusammenhangs und
ihrer Unterordnung, und wo wir bey ihnen Rechtsfälle in der
bedingtesten Anwendung finden, dienen sie doch stets als ver-
körperter Ausdruck jenes allgemeinen. Diesen Unterschied wird
mir jeder zugeben, der das Landrecht unbefangen mit den Pandekten vergleicht, und eine solche Vergleichung ist hier gewiß
zulässig, da ja nicht von eigenthümlicher Römischer Verfassung,
sondern von allgemeiner Methode die Rede ist. Was insbesondere die scharfe, individuelle Auffassung der Begriffe betrifft, so
ist der nicht selten Mangel derselben im Landrecht weniger
auffallend und fühlbar, weil eben die materielle Vollständigkeit
des Details ihrer Natur nach dahin strebt, diese Lücke auszu-

¹) Erster Anhang zum Landrecht. Berlin 1803. § 2.
²) Landrecht Einl. § 50.

füllen. Was aber die praktischen Regeln selbst, als den eigentlichen Zweck jedes Gesetzbuchs anlangt, so ist die Folge des
hier beschriebenen Characters, daß die meisten Bestimmungen
des Landrechts weder die Höhe allgemeiner, leitender Grundsätze, noch die Anschaulichkeit des individuellen erreichen, sondern
zwischen beiden Endpunkten in der Mitte schweben, während die
Römer beide in ihrer naturgemäßen [91] Verknüpfung besitzen.
Es darf aber auch nicht übersehen werden, daß eine große,
vielleicht unübersteigliche Schwierigkeit in der gegenwärtigen
Stufe der deutschen Sprache lag, welche überhaupt nicht juri-
stisch, und am wenigsten für Gesetzgebung, ausgebildet ist; wie
sehr dadurch die lebendige Darstellung individueller Rechtsverhältnisse erschwert, ja unmöglich gemacht wird, kann jeder finden,
der irgend einen eigenen Versuch der Art, z. B. eine Übersetzung aus den Pandekten, übernehmen will. Ja hierin hatten
sogar die Franzosen in der größeren Bestimmtheit der Formen
und in der lateinischen Abstammung ihrer Sprache vor uns
einen großen Vorzug: daß sie ihn nicht besser benutzt haben,
erklärt sich aus dem oben dargestellten traurigen Zustand ihrer
Sachkenntniß. — Man würde diese Bemerkungen sehr mißver-
stehen, wenn man sie so deuten wollte, als ob die Verfasser des
Landrechts gegen das künftige wissenschaftliche Studium desselben
gleichgültig gewesen wären, was gar nicht meine Meynung ist.
Sehr merkwürdig ist in dieser Rücksicht die bekannte Preisauf-
gabe von 1788 [1]), welche ein Lehrbuch in zwey Theilen for-
derte, deren erster ein aus dem Gesetzbuch selbst abstrahirtes
Naturrecht, der zweyte einen Auszug des positiven Rechts selbst
enthalten sollte. [92] Man hat diese Ansicht des Naturrechts
mitunter sehr vornehm angelassen, und ihr damit Unrecht gethan; offenbar sollte unter diesem Namen dasjenige dargestellt
werden, was der Gesetzgeber selbst in seinen Gesetzen für allgemein und nicht für positiv ansehe, eine interessante historische
Aufgabe, der des Römischen jus gentium ganz ähnlich. Also
gering geschätzt hatte man die wissenschaftliche Kenntniß des
praktischen Rechts keinesweges, vielmehr erkennt das Landrecht

---

[1]) Entwurf Th. 2. Abth. 3. Vorerinnerung.

in seiner neuesten Gestalt das dringende Bedürfniß dieser wissenschaftlichen Kenntniß an: aber es ist unverkennbar, daß ein innerer Widerstreit zwischen dieser Anerkennung und der Construction des Werkes selbst obwaltet, indem diese Construction selbst nach der ursprünglichen Idee von Friedrich II. hinneigt, woraus sie ja auch hervorgegangen ist.

Jede Regierung ist zu tadeln, welche die Einsichten ihres Zeitalters nicht kennt oder verschmäht. Von dieser Seite aber ist die Preussische Gesetzgebung gewiß keinem Vorwurf ausgesetzt. Die Stimme nicht blos der eigenen Geschäftsmänner, sondern aller Deutschen Gelehrten [1]), ist aufgerufen und gehört worden, und jeder unbefangene Beobachter wird einräumen, daß, was gethan und unterlassen worden ist, dem Sinn und der [93] Einsicht des Zeitalters vollkommen entsprach. Selbst die bedeutendste Stimme, welche sich gleichzeitig dagegen erhoben hat [2]), beweist mehr für als wider diese Behauptung. Ich verkenne nicht, wie viel treffliches in Schlossers Ansichten und Urtheilen enthalten ist, allein das beste darin betrifft den allgemeinen politischen Character unsrer Zeiten, und mit den eigenthümlichen Bedürfnissen des bürgerlichen Rechts war er selbst keineswegs im reinen. Dieses erhellt theils aus der von ihm entworfenen Einleitung eines Gesetzbuchs [3]), theils auch noch weit mehr aus seinem Plan, das corpus juris auf ein caput mortuum eigentlicher Gesetze von weniger als zehn Bogen zu reduciren [4]). Daß es ihm an Sinn für das rechte nicht fehlte, zeigt sein geistreicher und durchaus vortrefflicher Aufsatz über das Studium des reinen Römischen Rechts [5]).

Ein vollständiges Urtheil über das technische des Landrechts

---

[1]) Bey Simon S. 213. 220. stehen die Namen derer, welche Bemerkungen eingesandt, und welche Preise erhalten haben.

[2]) Schlossers Briefe über die Gesetzgebung rc. Frankfurt 1789, und: Fünfter Brief rc. Frankfurt 1790. 8.

[3]) Briefe S. 246.

[4]) Schlossers Vorschlag und Versuch einer Verbesserung des Teutschen bürgerlichen Rechts rc. Leipzig 1777. 8. — Schlossers Briefe S. 46. 342, in welcher letzten Stelle er sogar Westphals Schriften als sehr brauchbar für diesen Zweck rühmt.

[5]) In Hugos civilist. Magazin B. 1. N. 6. (1790).

würde erst dann möglich seyn, wenn die oben [94] erwähnten
Materialien verarbeitet und zur allgemeinen Kenntniß gebracht
würden. Alles, was für Erhaltung und Verbreitung wichtiger
geschichtlicher Quellen geschieht, verdient ehrenvolle Anerkennung;
so die Organisation jener Materialien, welche von dem Chef
der Preussischen Justiz, dem Herrn Justizminister von Kircheisen, verfügt und dann aufs trefflichste ausgeführt worden
ist. Allein noch ist zu hoffen, daß dasselbe liberale Interesse
an der inneren Geschichte des Landrechts auch die Bekannt-
machung eines zweckmäßigen Auszugs aus denselben veranlassen
wird. Zu befürchten ist dabey gewiß nichts, denn was mit
solchem Ernst gethan worden ist, kann sehr ruhig jedem Urtheil
entgegensehen. Daß auf diesem Wege, selbst von dem zugege-
benen Gesichtspunkte des Ganzen aus, manches einzelne als un-
haltbar erkannt werden könnte, ist wahr, aber dieses würde
offenbar ein sehr glücklicher Erfolg seyn, denn jeder Gesetzgebung
ist ein solches Mittel zu wünschen, wodurch sie von innen heraus
gereinigt werden kann. Diese Materialien müssen ungleich lehrreicher seyn als die gedruckten über den Code, denn diese betreffen doch meist nur den Übergang vom projet zum Code, über
die Entstehung des projet selbst, was bey weitem die Hauptsache ist, geben sie keine Aufschlüsse, man müßte denn die leere
Declamation der meisten Reden für solche Aufschlüsse halten
wollen; jene Materialien dagegen würden bis auf die [95] erste
Entstehung der Gedanken zurück führen können. Ein besonderer
Vortheil aber würde darin bestehen, daß das Landrecht dadurch
ein geschichtliches und literarisches Leben erhalten würde, welches
ihm bis jetzt ganz fehlt. Damit, daß es von einseitigen Gegnern ungerecht leiden könnte, hat es keine Noth, denn unter den
geistreichen und gebildeten Männern, auf deren Anzahl die
Preussische Justiz stolz seyn darf, würden sich gewiß Mehrere
finden, die ein solches Unrecht abzuwehren vermöchten.

Die Geschichte des Österreichischen Gesetzbuches[1]) hat mit

---

[1]) Die Nachrichten darüber sind genommen aus Zeillers Vorbe-
reitungen zur neuesten Österreichischen Gesetzkunde. Wien u. Triest 1810
B. 1. S. 19 — 30.

der des Preussischen Landrechts die Ähnlichkeit, daß zu beiden
der erste Anstoß um die Mitte des vorigen Jahrhunderts gegeben worden ist [1]), so daß eben derselbe Zustand der Deutschen
juristischen Literatur auf beyde einwirken konnte. Die Grundlage war eine handschriftliche Arbeit von acht starken Folianten,
größtentheils aus den Commentatoren des Römischen Rechts gezogen, und schon im Jahre 1767 vollendet. Hieraus machte
Horten einen Auszug, welcher von Martini zu einem Gesetzbuche verarbeitet wurde: diese Arbeit von Martini wurde
dann öffentlich bekannt gemacht, und von den [96] Österreichischen
Landescollegien und Universitäten geprüft und beurtheilt [2]),
aus welcher Revision endlich das gegenwärtige Gesetzbuch entstanden ist. Die Mitwirkung der Rechtsgelehrten des übrigen
Deutschlands scheint sehr unbedeutend gewesen zu seyn, ja man
scheint sie nicht für sehr wünschenswerth gehalten zu haben,
theils wegen des schlechten Erfolgs einer Preisausgabe über den
Wucher, theils weil das Preussische Landrecht schon solche Beyträge erhalten hatte, die also in ihm zugleich mit benutzt werden konnten, deshalb sind nicht so, wie im Preussischen, für die
Beurtheilung öffentlich Preise ausgesetzt worden [3]). Daß man
keine Preise aussetzte, konnte sehr gute Gründe haben, aber auch
ohne Preise waren Gutachten und Urtheile leicht zu erlangen,
nur war freylich bey dem sehr geringen literarischen Verkehr
des übrigen Deutschlands mit Österreich der bloße Abdruck des
Entwurfs nicht hinreichend; ein Circular an alle Deutsche Universitäten wäre gewiß nicht ohne Erfolg geblieben. So ist diese
Unternehmung, die ihrer Natur nach nur auf den wissenschaftlichen Zustand der ganzen Nation gegründet werden konnte,
als ein gewöhnliches Geschäft des einzelnen Landes [97] voll-
führt worden, und jede Absonderung dieser Art ist für den
Erfolg, wenn gleich nicht entscheidend, doch immer sehr gefährlich.

---

[1]) Nämlich 1746 zur Preussischen, 1753 zur Österreichischen Gesetzgebung. Simon S. 194. Zeiller S. 19.
[2]) Zeiller S. 23. 26—30.
[3]) Zeiller S. 27. 28.

Was den Stoff betrifft, so könnte man nach den Vorschriften der Kaiserin Maria Theresia eine größere Originalität als im Preussischen Rechte erwarten, da die Verfasser sich nicht an das Römische Recht binden, sondern überall die natürliche Billigkeit walten lassen sollten [1]. Allein was über die Entstehung der ersten Grundlage aus den Commentatoren gesagt worden ist, so wie die Betrachtung des Gesetzbuchs selbst, zeigt, daß dennoch aus derselben Quelle, nur noch weniger rein und unmittelbar, als bey dem Landrecht geschöpft worden ist. In der Behandlung zeigt sich sogleich der Hauptunterschied, daß man im Österreichischen Gesetzbuch nicht so, wie im Preussischen, die Rechtsfälle selbst zu erschöpfen, sondern nur die Begriffe der Rechtsverhältnisse und die allgemeinsten Regeln für dieselben aufzustellen gesucht hat [2]. In der ganzen Form und Anlage ist das Werk einem etwas ausführlichen Institutionencompendium sehr ähnlich. Die Ausführung soll nun theils für die Begriffe (das formelle oder theoretische), theils für die praktischen Regeln besonders geprüft werden.

[98] Daß die Begriffe der Rechtsverhältnisse bey einem Werk von diesem Plan und Umfang vorzugsweise wichtig seyn müssen, leuchtet von selbst ein; im Preussischen Landrecht treten sie wegen des Reichthums an praktischen Regeln mehr zurück, und ihre fehlerhafte Behandlung ist weniger nachtheilig. Und gerade von dieser Seite ist gar vieles gegen das Österreichische Gesetzbuch einzuwenden. Die Begriffe der Rechte nämlich sind theils zu allgemein und unbestimmt, theils zu sehr auf den bloßen Buchstaben des Römischen Rechts, oder auch auf das Misverständniß neuerer Commentatoren desselben gegründet, was bey gründlicher Quellenkenntniß nicht möglich gewesen wäre. Beiderley Fehler hat das Gesetzbuch nicht blos mit dem Landrecht gemein (welchem sie, wie schon bemerkt ist, weniger schaden), sondern noch vor demselben voraus, wie nunmehr in einigen Beyspielen gezeigt werden soll. Von der Construction der

---

[1] Zeiller S. 24.
[2] Die drey Theile des Gesetzbuchs enthalten zusammen 561 Seiten sehr weitläufig gedruckt.

Begriffe selbst aber ist hier die Rede, nicht von Definitionen, denen als bloßen Symptomen jener Construction nur ein bedingter und untergeordneter Werth zugeschrieben werden muß, und welche nur in dieser Beziehung und nicht um ihrer selbst willen, Gegenstand der folgenden Beurtheilung seyn werden. — Zuvörderst ist schon oben (S. 39) bey dem Code bemerkt worden, wie wichtig und überall eingreifend im Römischen Rechte die höchst bestimmten Begriffe von dinglichen Rechten und Obligationen sind. Das[99]selbe gilt vom Begriff des Status. Hier nun liegt die Unterscheidung von Personenrechten und Sachenrechten zum Grunde (§ 14. 15), die aber weder auf Römische, noch auf irgend eine andere Weise bestimmt gedacht sind. Das Landrecht (I. 2. § 122 — 130) ist darin genauer. — Der Begriff der Sache (§ 285 vgl. § 303) wird in solcher Allgemeinheit genommen, daß kaum etwas ist, was nicht Sache heißen könnte: Künste, Wissenschaften, Fertigkeiten, Begriffe sind insgesammt Sache in diesem allgemeinen Sinne. Nun werden aber unmittelbar auf den Begriff der Sache zwey der allerwichtigsten Rechtsbegriffe gegründet: Besitz (§ 309) und Eigenthum (§ 353. 354). Allein es ist einleuchtend, daß eben dadurch diese Begriffe durchaus gestaltlos und unbrauchbar werden; so müßten wir z. B. nach § 309 einem Gelehrten den juristischen Besitz seiner Wissenschaft zuschreiben, denn er hat sie in seiner Macht, und er hat den Willen, sie zu behalten. Unvermerkt wird deshalb in der Behandlung dieser Lehren ein engerer, nirgends bestimmter Begriff von Sache untergelegt, allein auch dieser stillschweigend eingeführte Begriff ist nicht zulänglich, denn nach ihm müßte es doch noch z. B. an einer Forderung (obligatio) Besitz und Eigenthum geben, was zwar uneigentlich gesagt werden kann, wozu aber die ganze Theorie von Besitz und Eigenthum gar nicht paßt. Das Landrecht (I. 2. § 3) hilft hier durch einen besonders [100] aufgestellten engeren Begriff der Sachen, worauf sich nachher die Rechtsverhältnisse beziehen. Ein noch allgemeinerer Nachtheil jenes unbrauchbaren Begriffs der Sache zeigt sich schon bey der Eintheilung der Sachenrechte in dingliche und persönliche (§ 307): zu den dinglichen werden die bekannten fünf Arten gerechnet, Besitz, Eigen-

thum, Pfand, Dienstbarkeit und Erbrecht (§ 308); deren Zusammenstellung allein schon hinreicht, jeden bestimmten Gattungs-
begriff ganz unmöglich zu machen. — Die Objecte der Ersitzung
werden so allgemein angegeben (§ 1455), daß man viele Rechte,
z. B. Forderungen, darunter rechnen müßte, auf welche doch
diese Art des Erwerbs nur auf sehr gezwungene und sehr überflüssige Weise angewendet werden könnte, eine Anwendung, die
wahrscheinlich gar nicht einmal gemeynt ist. Das Landrecht
(I. 9) verhütet diesen Zweifel dadurch, daß es die ganze Lehre
unter den Erwerbungen des Eigenthums abhandelt. — Unter
den persönlichen Servituten werden das Recht des Gebrauchs
und das der Fruchtnießung dadurch unterschieden, daß jenes
auf das bloße Bedürfniß des Berechtigten beschränkt seyn soll,
dieses aber nicht (§ 504. 509). Der praktische Sinn davon ist
dieser, daß Verträge und Testamente, wenn sie von einem Recht
des Gebrauchs reden, von einem solchen auf das Bedürfniß beschränkten Nutzungsrecht ausgelegt werden sollen. Allein diese
Interpretation ist gewiß nicht natürlich, [101] da es gar nicht
gewöhnlich ist, gerade dieses mit dem Worte Gebrauch zu be-
zeichnen. Wie dieser Begriff entstanden ist, kann nicht zweifelhaft seyn; es ist der usus, im Gegensatz des ususfructus, aber
nicht der usus der Römischen Juristen selbst, sondern der, welcher in unsern Compendien bis auf die neuesten Zeiten fälschlich angenommen war. Die Römer verstehen unter usus den
Gebrauch ohne allen Fruchtgenuß, z. B. bey einem Pferde das
Reiten und Fahren, aber nicht die Füllen und das Miethgeld.
Nur wenn aus Versehen ein usus an einer solchen Sache gegeben ist, an welcher ganz oder zum Theil dieser reine Gebrauch
unmöglich ist, interpretiren sie ausnahmsweise den usus wie
vollen oder theilweisen ususfructus, indem sie nothgedrungen
annehmen, daß man sich schlecht ausgedrückt habe, weshalb durch
Interpretation nachgeholfen werden müsse. Das eigenthümliche
Daseyn dieses usus beruht auf Römischem Sprachgebrauch, und
da wir kein Wort von entsprechender Bestimmtheit haben, so
schlägt das Landrecht den richtigen Weg ein, den usus ganz zu
ignoriren, und außer dem Nießbrauch zuerst im allgemeinen zu
bemerken, daß man auch nach Belieben eingeschränkte Nutzungs-

rechte geben könne (I. 21. § 227), dann aber solche Fälle dieser
Art abzuhandeln, die noch bey uns gewöhnlich sind. — Den
Unterschied des Vormundes vom Curator (§ 188) möchte man
auf den ersten Blick darin setzen, daß jener [102] auf Minderjährige, dieser auf alle übrige Hülfsbedürftige bezogen würde.
Diese Terminologie wäre zwar neu und dem Gesetzbuch eigen,
doch tadellos. So ist es aber nicht, denn auch Minderjährige
erhalten sehr oft einen Curator, und nicht einen Vormund
(§ 270 — 272). Unverkennbar ist dieses aus dem Römischen
Rechte beybehalten, das ja auch häufig dem Pupillen einen
bloßen Curator giebt: nur daß hier überhaupt an die Stelle
der Pupillen mit Recht alle Minderjährige getreten sind. Allein
das Römische Recht hat zu dieser scharfen Unterscheidung der
Tutel und Curatel einen besonderen Grund. Der Tutor nämlich ist ihm diejenige Person, durch deren auctoritas der sonst
zum Handeln unfähige Pupill ergänzt werden kann, während
jeder Curator nichts als gemeiner Verwalter fremder Rechte ist.
Das also ist das eigenthümliche und wichtige des Römischen
Tutors, daß mit seiner Hülfe für den Pupillen Mancipationen,
Stipulationen, Vindicationen u. s. w. möglich sind, welche
Handlungen durch freye Stellvertreter, also auch durch Curatoren, gar nicht vorgenommen werden können. Der Schlüssel
der ganzen Tutel also, insofern sie etwas eigenthümliches, von
der Curatel verschiedenes war, lag in der Regel: per extraneam
personam nihil adquiri (neque alienari) potest [1]; diese Regel
wurde zwar später [103] auf civile Handlungen beschränkt [2],
aber bey diesen erhielt sie sich noch in Justinians Zeit, wie
die angeführten Stellen seiner Rechtsbücher beweisen. Wir dagegen, in unserm praktischen Rechte, haben davon keine Spur
mehr, also auch keinen Grund, zwischen Tutor und Curator
die Römische Gränze zu behalten, die für uns ihren Sinn verloren hat. Das Gesetzbuch sucht nun gleich bey der ersten Einführung des Vormundes (§ 188) die Fälle auszuschließen, in
welchen der Pfleger eines Minderjährigen blos Curator heißt;

---

[1] § 5. I. per quas pers.
[2] § I. cit., L. 53 D. de adqu. rer. dom.

dieſes geſchieht durch die Beſtimmung: „Ein Vormund hat vorzüglich für die Perſon des Minderjährigen zu ſorgen, zugleich aber beſſen Vermögen zu verwalten." In der vorzugs- weiſen Beziehung auf die Perſon alſo (obgleich nach § 282 dieſelbe Beziehung auch bey Curatoren ſtatt finden kann) läge das unterſcheidende des Vormundes. Dieſes iſt nun unverkenn- bar die Römiſche Regel: personae, non rei vel causae (tutor) datur [1]), die in unſern neueren Compendien ganz auf dieſelbe Weiſe wie in dem Geſetzbuch modificirt worden iſt, weil man ſich doch nicht verbergen konnte, daß der Tutor allerdings auch mit dem Vermögen einiges Geſchäft habe [2]). Ganz conſequent [104] wird daher dem Vormund das Recht und die Verbind- lichkeit der Erziehung „gleich dem Vater" übertragen (§ 216), wobey er nur in wichtigen und bedenklichen Angelegenheiten an die Genehmigung des Gerichts gebunden iſt. Allein der Sinn jener Römiſchen Regel iſt ein ganz anderer: die persona, von welcher darin geſprochen wird, iſt die juriſtiſche Perſönlich- keit des Pupillen, die Fähigkeit deſſelben zu förmlichen Hand- lungen. Dieſe Fähigkeit für alle Anwendungen zu ergänzen (will die Stelle ſagen) iſt der Hauptberuf des Tutors, darum muß ſich ſein Amt allgemein auf alle Theile des Vermögens erſtrecken, und kann nicht auf einzelne Rechtsverhältniſſe des Pupillen beſchränkt werden. Darum hat denn auch der Römiſche Tutor mit der Erziehung des Pupillen durchaus gar nichts zu ſchaffen, ſondern über dieſe verfügt der Prätor ganz frey nach den Umſtänden, wobey zufällig ſeine Wahl auf den Tutor wie auf jeden Andern fallen kann [3]). Man wird dagegen einwen- den, eben dieſen Satz des Römiſchen Rechts habe man aus guten Gründen abändern wollen. Wohl: aber der übrige Zu- ſammenhang macht dabey eine nicht geringe Schwierigkeit. Denn das Geſetzbuch hat aus dem Römiſchen Rechte das ſtrenge Recht der nächſten Verwandten auf tutela legitima angenom-

---

[1]) L. 14. D. de testam. tut.

[2]) Hellfeld § 1298. „Ipsa vero tutela consistit in defensione personae pupilli principaliter, et secundario in defensione bonorum pupillarium."

[3]) Digest. lib. 27. tit. 2.

men (§ 198), und diese allgemeine Gewalt des künftigen [105] Intestaterben [1]) über die Person des Minderjährigen ist sehr bedenklich. Man braucht nicht gerade den äußersten Fall anzunehmen, daß der Vormund den Mündel umbringt, um ihn zu beerben: auch in vielen anderen unbemerkten Fällen wird in der persönlichen Leitung und Erziehung das Interesse des Mündels von dem seines künftigen Erben sehr verschieden seyn. Dagegen schützen weder die gesetzlichen Gründe der Unfähigkeit zur Vormundschaft (§ 191. 193), die immer sehr selten nachzuweisen seyn werden, noch die Genehmigung des Gerichts, die ja nur in bedenklichen Angelegenheiten eingeholt zu werden braucht (§ 216), noch endlich die Anzeige, die hinterher von wirklichem Mißbrauch der Gewalt gemacht werden kann (§ 217). In diesem Fall ist der organische Zusammenhang verschiedener Rechtssätze recht merkwürdig. Das Römische Recht macht seine tutela legitima dadurch unschädlich, daß es die Erziehung davon absondert: der Hauptberuf des Tutors ist der, zu auctoriren, und gewiß ist von keinem Menschen weniger als von dem künftigen Erben zu befürchten, daß er in leichtsinnige Veräußerungen oder Versprechungen einwilligen werde. [106] Nach dem Preussischen Landrecht bestimmt auf gleiche Weise, wie nach dem Römischen Rechte, das Gericht unmittelbar den Erzieher, ohne an den Vormund gebunden zu seyn (II. 18. § 320); und überdem gilt gar kein Recht bestimmter Verwandten auf tutela legitima (II. 18. § 194), was unsrer heutigen Ansicht der Vormundschaft gewiß angemessen ist. Auch in Bestimmung des Begriffs der Vormundschaft geht das Landrecht freyer zu Werke: Vormund heißt ihm derjenige, welcher alle, Curator der, welcher nur gewisse Angelegenheiten zu besorgen hat (II. 18. § 3. 4). Dabey ist die Römische Terminologie mit Recht ganz verlassen, dafür aber innerer Zusammenhang erlangt. So z. B. hat nun auch der Wahnsinnige einen Vormund (II. 18. § 12), der nach

---

[1]) Nämlich nach Römischem Rechte war allgemein und absichtlich der Intestaterbe zum Tutor berufen; im Österreichischen Gesetzbuch kann es wegen der Linealerbfolge kommen, daß der Intestaterbe und der zur Vormundschaft berufene nächste Verwandte verschiedene Personen sind, in den meisten Fällen aber wird es auch hier dieselbe Person seyn.

dem Öfterreichifchen Gefetzbuch nur einen Curator hat (§ 270).
Diefes folgt darin dem Römifchen Rechte; aber der Grund des
Römifchen Rechts, den Schutz der Pupillen von dem der Wahnfinnigen ftreng zu unterfcheiden, lag darin, daß bei Pupillen
und nicht auch bei Wahnfinnigen eine auctoritas möglich war,
und diefer Grund exiftirt nicht mehr. Daß Dinge folcher Art
geringfügig und unbedeutend feyen, wird niemand behaupten,
der aufmerkfam den großen Einfluß diefer Verknüpfung und
Bezeichnung der Begriffe auf die Rechtsfätze felbft beobachtet hat.
Bisher ift von der Conftruction der Begriffe im [107]
Öfterreichifchen Gefetzbuch die Rede gewefen, und nur beiläufig
auch von praktifchen Sätzen, infofern nämlich jene Conftruction
unmittelbaren Einfluß auf diefelben ausgeübt hat. Nun ift
noch befonders von den praktifchen Sätzen zu fprechen. Es ift
fchon bemerkt worden, daß die materielle Vollftändigkeit, welche
im Preußifchen Landrechte gefucht war, hier gar nicht zur Aufgabe gehörte: die Entfcheidung der einzelnen Rechtsfälle wird
demnach meiftens, fo wie bei dem Code (S. 44), nicht unmittelbar durch das Gefetzbuch beftimmt werden können, und das
außer ihm liegende, wodurch fie in der That beftimmt werden
wird, verdient auch hier die allergrößte Aufmerkfamkeit. Das
Gefetzbuch felbft (§ 7) fchreibt eine doppelte Quelle diefer Ergänzung vor: zunächft die wirklich im Gefetzbuch enthaltene
Entfcheidung ähnlicher Fälle, und, wo diefe nicht ausreicht, das
Naturrecht. Allein die erfte Quelle wird wenig fichere Hülfe
geben: denn materieller Reichthum des Gefetzbuchs war, wie
fchon bemerkt, gar nicht gefucht, und von der formellen Unzulänglichkeit deffelben ift foeben ausführlich die Rede gewefen.
Die zweite Quelle aber (das Naturrecht) ift felbft von den
würdigen Männern, welche zuletzt zur Entftehung des Gefetzbuchs
mitgewirkt haben, als fehr gefährlich für die Rechtspflege anerkannt[1]. [108] Der Erfolg wird alfo auch hier, wie bei dem

---

[1] Zeiller a. a. O., S. 38. „Da nun aber auf dem philofophi-
fchen Gebiete jedermann nach feiner Überzeugung urtheilet; fo ift leicht
[108] zu erachten, daß die Urtheile oft nach einer eingebildeten Billigkeit
(aequitas cerebrina) und im Grunde nach Willkühr gefället werden.“

Code, ein ganz anderer seyn, als ihn das Gesetzbuch anzunehmen
scheint, indem unvermeidlich und ganz in der Stille die wissenschaftliche Theorie den Einfluß auf die Rechtspflege behaupten
wird, den ihr das Gesetzbuch zu entziehen bestimmt war. Ob
also die wirklich verbreitete Theorie gut oder schlecht ist, davon
wird in der That das meiste abhangen, und der Zustand der
Lehranstalten (wovon der folgende Abschnitt reden soll) wird
für die Rechtspflege noch in ganz anderer Rücksicht, als wegen
der bloßen Kenntniß des Gesetzbuches selbst, entscheidend seyn.

Ist dieses Urtheil über die drey neuen Gesetzbücher gegründet, so liegt darin eine Bestätigung meiner Ansicht, daß die
gegenwärtige Zeit keinen Beruf hat, ein Gesetzbuch zu unternehmen: und gewiß eine sehr starke Bestätigung. Denn wie
viel die Franzosen durch Gewandtheit und Leichtigkeit im praktischen Leben auszurichten vermögen, ist uns Allen oft genug
wiederholt worden: welche Zeiträume hindurch von verdienten,
einsichtsvollen Männern an den Deutschen Gesetzbüchern mit
ernstlichem Eifer gearbeitet worden ist, wissen wir. Ist also
durch so verschiedenartige Bemühungen das Ziel bennoch nicht
erreicht worden, so muß es in der juristischen Bildung eines
ganzen Zeitalters Hindernisse geben können, welche [109] nicht
zu übersteigen sind. Diese Überzeugung aber ist entscheidend,
da ohne Zweifel die eifrigen Freunde der Gesetzbücher die Bürg-
schaft eines glücklichen Erfolgs blos in ihrem lebhaften Bestreben nach diesem Gegenstande finden, was doch nach jenen Erfahrungen nicht hinreichend ist. Es würde also nur noch darauf
ankommen, die gegenwärtige Bildung der Rechtswissenschaft
mit derjenigen zu vergleichen, aus welcher die vorhandenen Gesetzbücher hervorgegangen sind: und bey unbefangener Selbst-
prüfung müssen wir bekennen, daß beide vielleicht wohl dem
Grade nach, aber nicht generisch verschieden sind.

Alle diese Erinnerungen übrigens betreffen nicht etwa
einzelne Mängel, durch deren Verbesserung dem Ganzen leicht
ein wahrhaft treffliches und genügendes Daseyn verschafft
werden könnte: sie betreffen vielmehr den Character des Ganzen selbst, und alles einzelne, was herausgehoben worden ist,
sollte blos dazu dienen, diesen allgemeinen Character anschau-

lich zu machen, und ein Urtheil über denselben zu begründen. Anderer Meynung ist ein neuerer Schriftsteller[1]), welcher von dem Code glaubt, die wenigen Flecken, welche denselben verunstalten, könnten leicht abgewischt werden, worauf er allerdings zu einer dankenswerthen Wohlthat werden würde. Allein [110] es sey uns diese fremde Weisheit überflüssig, denn, sagt er, „wir haben kürzlich ein bürgerliches Gesetzbuch in Österreich erhalten, welches dem Französischen wenigstens an die Seite gesetzt werden kann und für uns den Vorzug hat, ohne alle weitere Vorbereitung in ganz Deutschland anwendbar zu seyn.“ Sein Rath geht dahin, daß dieses Gesetzbuch augenblicklich angenommen, und dann den Regierungen überlassen werde, ihre Vorschläge einzelner Abänderungen einer Gesetzkommission vorzulegen. Diese Ansicht scheint mir schon aus sich selbst und ohne Prüfung des innern Werthes der Gesetzbücher widerlegt werden zu können: denn wenn es wahr wäre, daß der Code vortrefflich und mit geringen Modificationen eine Wohlthat, das sehr verschiedene Österreichische Gesetzbuch aber auch vortrefflich, ja noch besser und völlig anwendbar wäre, so müßte den Gesetzbüchern überhaupt eine völlig fabrikmäßige Vortrefflichkeit zugeschrieben werden, und es wäre unmöglich, sie für etwas großes und höchst wünschenswerthes zu halten.

<hr />

8.

Was wir thun sollen wo keine Gesetzbücher sind.

[111] Bei der Untersuchung dessen, was geschehen soll, müssen vor allem diejenigen Länder, in welchen bis jetzt gemeines Recht und Landesrecht (nur etwa unterbrochen durch die kurze Herrschaft des Code) galt, von denen getrennt werden, welche bereits unter einheimischen Gesetzbüchern leben.

In den Ländern des gemeinen Rechts wird, so wie überall, ein löblicher Zustand des bürgerlichen Rechts von drey Stücken abhängig seyn: erstlich einer zureichenden Rechtsquelle, dann

<hr />

[1]) K. E. Schmid Deutschlands Wiedergeburt, S. 131. 134. 135.

einem zuverläßigen Personal, endlich einer zweckmäßigen Form
des Prozesses. Ich werde in der Folge auf diese drey Stücke
zurückkommen, um die Zulänglichkeit meines Plans darnach zu
prüfen.

Was zuerst die Rechtsquelle anlangt, wozu eben das neu
einzuführende Gesetzbuch bestimmt seyn sollte, so würde nach
meiner Überzeugung wieder einzuführen seyn an die Stelle des
Code, oder beyzubehalten, wo der Code nicht galt, dieselbe Verbindung des gemeinen Rechts und der Landesrechte, welche
früher in ganz Deutschland [112] herrschend war: diese Rechtsquelle halte ich für hinreichend, ja für vortrefflich, sobald die
Rechtswissenschaft thut, was ihres Amtes ist, und was nur
durch sie geschehen kann.

Betrachten wir nämlich unsern Zustand, wie er in der
That ist, so finden wir uns mitten in einer ungeheuern Masse
juristischer Begriffe und Ansichten, die sich von Geschlecht zu
Geschlecht fortgeerbt und angehäuft haben [1]). Wie die Sache
jetzt steht, besitzen und beherrschen wir diesen Stoff nicht, sondern wir werden von ihm bestimmt und getrieben nicht wie
wir wollen. Darauf gründen sich alle Klagen über unsern
Rechtszustand, deren Gerechtigkeit ich nicht verkenne, und daher
ist alles Rufen nach Gesetzbüchern entstanden. Dieser Stoff
umgiebt und bestimmt uns auf allen Seiten, oft ohne daß
wir es wissen: man könnte darauf denken, ihn zu vernichten,
indem man alle historische Fäden zu durchschneiden und ein
ganz neues Leben zu beginnen versuchte, aber auch diese Unternehmung würde auf einer Selbsttäuschung beruhen. Denn es
ist unmöglich, die Ansicht und Bildung der jetztlebenden Rechtsgelehrten zu vernichten: unmöglich, die Natur der bestehenden
Rechtsverhältnisse umzuwandeln; und auf diese doppelte Unmöglichkeit gründet sich der unauflösliche organische Zusammenhang
[113] der Geschlechter und Zeitalter, zwischen welchen nur
Entwicklung aber nicht absolutes Ende und absoluter Anfang
gedacht werden kann. Insbesondere damit, daß einzelne, ja
viele Rechtssätze abgeändert werden, ist für diesen Zweck gar

---

[1]) Vergl. Rehberg über den Code Napoleon S. 8—10.

4

— 69 —

nichts gethan: denn, wie schon oben bemerkt worden ist (S. 24),
die Richtung der Gedanken, die Fragen und Aufgaben werden
auch da noch durch den vorhergehenden Zustand bestimmt seyn,
und die Herrschaft der Vergangenheit über die Gegenwart wird
sich auch da äußern können, wo sich die Gegenwart absichtlich
der Vergangenheit entgegen setzt. Dieser überwiegende Einfluß
des bestehenden Stoffs also ist auf keine Weise vermeidlich:
aber er wird uns verderblich seyn, solange wir ihm bewußtlos
dienen, wohlthätig, wenn wir ihm eine lebendig bildende Kraft
entgegen setzen, durch historische Ergründung ihn unterwerfen,
und so den ganzen Reichthum der vergangenen Geschlechter uns
aneignen. Wir haben also nur die Wahl, ob wir wollen, nach
Baco's Ausdruck, sermocinari tamquam e vinculis, oder ob
eine gründliche Rechtswissenschaft uns lehren soll, diesen historischen Stoff frey als unser Werkzeug zu gebrauchen: ein drittes
giebt es nicht. Bey dieser Wahl möchte die Wissenschaftlichkeit
schon von selbst, als der edlere Theil, für sich gewinnen: aber
es kommen noch besondere Gründe aus unsrer Lage hinzu.
Zuerst die allgemeine wissenschaftliche Richtung, die den Deutschen natürlich ist, und wo[114]durch sie es anderen Nationen
in vielen Dingen zuvor zu thun berufen sind: dann auch
manches in unsren politischen Verhältnissen. Darum wird nicht
die Erfahrung anderer Nationen oder Zeiten zur Widerlegung
angeführt werden können, nicht der Zustand des bürgerlichen
Rechts in England, noch der bey unsren Vorfahren. Was unsre
Vorfahren betrifft, so hat Möser in einem trefflichen Aufsatz
den Unterschied zwischen dem, was er Willkühr, und was er
Weisheit nennt, entwickelt [1]): bey jener konnte Freiheit und
Gerechtigkeit bestehen, so lange ebenbürtige genosse Richter ur-
theilten, wir können Weisheit durchaus nicht entbehren. Als
Surrogat derselben verdient in dieser Rücksicht selbst das Hangen
an mittelmäßigen Autoritäten (so schlecht dieses in anderer
Rücksicht ist) alle Achtung [2]), und kann als ein Schutzmittel gegen

---

[1]) Über die Art und Weise, wie unsre Vorfahren die Processe ab-
gekürzt haben; patriotische Phantasien Th. 1. N. 51.
[2]) Mösers Schreiben eines alten Rechtsgelehrten über das sogenannte Allegiren, a. a. O. Th. 1. N. 22.

die verderbliche Verwechslung von Willkühr und Weisheit
dienen.

Erst wenn wir durch ernstliches Studium vollständigere
Kenntniß erworben, vorzüglich aber unsren geschichtlichen und
politischen Sinn mehr geschärft haben, wird ein wahres Urtheil
über den überlieferten Stoff möglich seyn. Bis dahin dürfte
es gerathener seyn, etwas zu [115] zweifeln, ehe wir vorhan-
denes für schlaffe Angewohnheit, unkluge Abgeschiedenheit und
bloße Rechtsfaulheit halten[1]): vorzüglich aber mit der Anwendung des wundärztlichen Messers[2]) auf unsern Rechtszustand
zu zögern. Wir könnten dabey leicht auf gesundes Fleisch treffen,
das wir nicht kennen, und so gegen die Zukunft die schwerste
aller Verantwortungen auf uns laden. Auch ist der geschichtliche Sinn der einzige Schutz gegen eine Art der Selbsttäuschung, die sich in einzelnen Menschen, wie in ganzen Völkern
und Zeitaltern, immer wiederholt, indem wir nämlich dasjenige,
was uns eigen ist, für allgemein menschlich halten. So hatte
man ehemals aus den Institutionen mit Weglassung einiger
hervorstehenden Eigenthümlichkeiten ein Naturrecht gemacht, was
man für unmittelbaren Ausspruch der Vernunft hielt: jetzt ist
niemand, der nicht über dieses Verfahren Mitleid empfände.
aber wir sehen noch täglich Leute, die ihre juristischen Begriffe
und Meynungen blos deshalb für rein vernünftig halten, weil
sie deren Abstammung nicht kennen. Sobald wir uns nicht
unsres individuellen Zusammenhangs mit dem großen Ganzen
der Welt und ihrer Geschichte bewußt werden, müssen wir nothwendig unsre Gedanken in einem falschen Lichte von Allgemeinheit und Ursprünglichkeit erblicken. Dagegen schützt nur der
ge[116]schichtliche Sinn, welchen gegen uns selbst zu lehren
gerade die schwerste Anwendung ist.

Man könnte versucht seyn, die Nothwendigkeit dieser historischen Ergründung des Stoffs, in welchem wir unwillkührlich
befangen sind, zwar für unsre Lage zuzugeben, aber zugleich
für ein Übel zu halten, indem dadurch Kräfte in Anspruch)

---

[1]) Thibaut a. a. O. S. 52. 55. 60.
[2]) Thibaut S. 60.

genommen werden, die zu nützlicheren Zwecken verwendet werden
könnten. Diese Ansicht wäre traurig, weil sie das Gefühl eines
unvermeidlichen Übels erregen würde, aber wir können uns
damit trösten, daß sie falsch ist. Vielmehr ist diese Nothwendigkeit auch an sich für ein großes Gut zu achten. In der
Geschichte aller bedeutenden Völker nämlich finden wir einen
Übergang von beschränkter, aber frischer und lebensvoller, Indi-
vidualität zu unbestimmter Allgemeinheit. Auf diesem Wege
geht auch das bürgerliche Recht, und auch in ihm kann zuletzt
das Bewußtseyn der Volkseigenthümlichkeit verloren gehen: so
geschieht es, wenn bejahrte Völker darüber nachdenken, wie viele
Eigenheiten ihres Rechts sich bereits abgeschliffen haben, daß sie
leicht zu dem so eben dargestellten Irrthum kommen, indem sie
ihr ganzes noch übriges Recht für ein jus quod naturalis ratio
apud omnes homines constituit halten. Daß damit zugleich
der eigenthümliche Vorzug verloren geht, welchen das Recht in
frühen Zeiten hat (S. 6), ist unverkennbar. Zu diesem vergangenen Zustande zurück [117] zu kehren, würde ein frucht-
loser und thörichter Rath seyn: aber etwas anderes ist es, den
eigenen Werth desselben in frischer Anschauung gegenwärtig erhalten, und sich so vor der Einseitigkeit der Gegenwart bewahren,
welches allerdings möglich und heilsam ist. Wenn überhaupt
die Geschichte auch im Jünglingsalter der Völker eine edle
Lehrerin ist, so hat sie in Zeitaltern, wie das unsrige, noch ein
anderes und heiligeres Amt. Denn nur durch sie kann der
lebendige Zusammenhang mit den ursprünglichen Zuständen der
Völker erhalten werden, und der Verlust dieses Zusammenhangs
muß jedem Volk den besten Theil seines geistigen Lebens
entziehen.

Dasjenige also, wodurch nach dieser Ansicht das gemeine
Recht und die Landesrechte als Rechtsquellen wahrhaft brauchbar und tadellos werden sollen, ist die strenge historische
Methode der Rechtswissenschaft. Der Character derselben besteht
nicht, wie einige neuere Gegner unbegreiflicherweise gesagt haben,
in ausschließender Anpreisung des Römischen Rechts: auch nicht
darin, daß sie die unbedingte Beybehaltung irgend eines gegebenen Stoffs verlangte, was sie vielmehr gerade verhüten will,

wie sich dieses oben bey der Beurtheilung des Österreichischen Gesetzbuchs gezeigt hat. Ihr Bestreben geht vielmehr dahin, jeden gegebenen Stoff bis zu seiner Wurzel zu verfolgen, und so ein organisches Princip zu entdecken, wodurch sich von selbst das, was noch Leben hat, von demjenigen ab[118]sondern muß, was schon abgestorben ist, und nur noch der Geschichte angehört. Der Stoff aber der Rechtswissenschaft, welcher auf diese Weise behandelt werden soll, ist für das gemeine Recht dreyfach, woraus sich drey Haupttheile unsrer Rechtswissenschaft ergeben: Römisches Recht, Germanisches Recht, und neuere Modifikationen beider Rechte. Das Römische Recht hat, wie schon oben bemerkt worden, außer seiner historischen Wichtigkeit noch den Vorzug, durch seine hohe Bildung als Vorbild und Muster unsrer wissenschaftlichen Arbeiten dienen zu können. Dieser Vorzug fehlt dem Germanischen Rechte, aber es hat dafür einen andern, welcher jenem nicht weicht. Es hangt nämlich unmittelbar und volksmäßig mit uns zusammen, und dadurch, daß die meisten ursprünglichen Formen wirklich verschwunden sind, dürfen wir uns hierin nicht irre machen lassen. Denn der nationale Grund dieser Formen, die Richtung, woraus sie hervor giengen, überlebt die Formen selbst, und es ist nicht vorher zu bestimmen, wie viel von altgermanischen Einrichtungen, wie in Verfassung so im bürgerlichen Recht, wieder erweckt werden kann. Freylich nicht dem Buchstaben, sondern dem Geiste nach, aber den ursprünglichen Geist lernt man nur kennen aus dem alten Buchstaben. Endlich die Modifikation beider ursprünglichen Rechte ist gleichfalls nicht zu vernachlässigen. Auf dem langen Wege nämlich, welchen jene ursprünglichen Rechte bis zu uns gehen mußten, [119] hat sich natürlich vieles ganz anders gestaltet und entwickelt, theils nach wirklich volksmäßigem Bedürfniß, theils auf mehr literarische Weise, unter den Händen der Juristen. Dieses letzte ist hier überwiegend, und die Grundlage davon ist eine Geschichte unsrer Rechtswissenschaft vom Mittelalter herab. Ein vorzügliches Bestreben dieses dritten Theiles unsrer Wissenschaft muß darauf gerichtet seyn, den gegenwärtigen Zustand des Rechts allmählich von demjenigen zu reinigen, was durch bloße Unkunde und Dumpfheit literarisch schlechter

Zeiten, ohne alles wahrhaft praktische Bedürfniß, hervorgebracht worden ist.

Es kann nicht meine Absicht seyn, diese historische Behand= lung aller Theile unsres Rechts hier in einer ausführlichen Methodik darzustellen; allein über das Römische Recht muß noch einiges hinzugefügt werden, da gerade bessen Behandlung neuerlich in Frage gekommen ist. Was ich für den einzig möglichen Standpunkt dieses Studiums halte, wird aus der oben gegebenen Darstellung des Römischen Rechts einleuchtend seyn: es ist das Recht der Pandekten, von welchem aus dann die Übergänge zu den neueren Modifikationen bis Justinian zu bestimmen sind. Willkührlich wird diese Ansicht niemand finden, welcher bedenkt, daß schon Justinian sie gehabt hat, und daß sie wenigstens dem Namen nach dem Hauptunterricht auf Universitäten, und den ausführ[120]lichsten Werken über das Römische Recht seit Jahrhunderten zum Grunde liegt. Wie nun die alten Juristen zu studieren sind, läßt sich leicht sagen, obgleich schwer ohne wirkliche Probe anschaulich machen: sie sollen nicht bloß die Schule hüten, sondern wieder belebt werden: wir sollen uns in sie hinein lesen und denken, wie in andere mit Sinn gelesene Schriftsteller, sollen ihnen ihre Weisen abler= nen, und so dahin kommen, in ihrer Art und von ihrem Stand= punkt aus selbst zu erfinden und so ihre unterbrochne Arbeit in gewissem Sinne fortzusetzen. Daß dieses möglich ist, gehört zu meinen lebendigsten Überzeugungen. Die erste Bedingung dazu ist freylich eine gründliche Rechtsgeschichte, und, was aus dieser folgt, die völlige Gewöhnung, jeden Begriff und jeden Satz sogleich von seinem geschichtlichen Standpunkte aus anzu= sehen. Viel ist hierin noch zu leisten: aber wer bedenkt, was unsre Rechtsgeschichte vor fünf und zwanzig Jahren war, und wie vieles nun in Kenntniß und Behandlung, hauptsächlich durch Hugo's Verdienst, anders geworden ist, der kann auch für die Folge den besten Hoffnungen Raum geben. Wer nun auf diese Weise in den Quellen des Römischen Rechts wahrhaft einheimisch geworden ist, dem wird das Studium unsrer neuern juristischen Literatur, vom Mittelalter bis auf uns herab, zwar noch Arbeit und oft unerfreuliche Arbeit geben, aber er wird dadurch nur noch seine Ansichten vervollständigen und auf [121] seine Weise irre gemacht werden können, also keine innere Schwierigkeit darin finden; wer dagegen das Römische Recht nicht so an der Wurzel angreift, der wird fast unvermeidlich durch jene neuere Literatur immer mehr in Schwanken und Unsicherheit gerathen, er müßte sie denn im Ganzen ignoriren, und es dem Zufall überlassen, welches einzelne, neue, vielleicht sehr flache Resultat dieser literarischen Entwicklung auf ihn einwirken soll, und hierin ist allerdings in den neuesten Zeiten viel geleistet worden. Die hier angedeutete literarische Ausfüllung indessen gehört zur allmählichen Vollendung und nicht zum nothwendigen Grund des Studiums. Der Grund aber muß allerdings in den Vorträgen der Universitäten gelegt werden, und dazu dürften anderthalb bis zwey Jahre (die man ja auch bis jetzt darauf zu verwenden pflegte) hinreichend seyn. Nämlich hinreichend nicht zu vollendeter Gelehrsamkeit, was ohnehin kein vernünftiger Mensch von irgend einem Universitätsunterricht verlangen wird: wohl aber hinreichend, um in den Quellen zu Hause zu seyn, um sie selbst lesen zu können, und um neuere Schriftsteller unabhängig und mit eigenem Urtheil zu lesen, und ihnen nicht mehr preis gegeben zu seyn. Es ist einleuchtend, daß dagegen die Erfahrung eines wirklichen Unterrichts nicht angeführt werden kann, sobald in diesem Unterricht die unmittelbare Einführung in die Quellen gar nicht versucht worden ist.

[122] In neueren Zeiten sind über die Bedingungen unsres Studiums zwey von dieser Absicht abweichende, völlig entgegengesetzte Meynungen gehört worden. Thibaut nämlich[1]) stellt die Schwierigkeiten desselben fast schauderhaft dar, und so, daß allerdings jedem, der es unternehmen wollte, der Muth entfallen müßte; so z. B. sollen wir vielleicht erst nach tausend Jahren so glücklich seyn, über alle Lehren des Römischen Rechts erschöpfende Werke zu erhalten. Das ist zu wenig oder zu viel, je nachdem man es nimmt. Ganz erschöpfen und völlig abthun, so daß kein Weiterkommen möglich wäre, läßt sich eine würdige

---

[1]) a. a. O. S. 15—22.

historische Aufgabe niemals, auch nicht in tausend Jahren; aber
um zu sicherer Anschauung und zur Möglichkeit unmittelbarer,
verständiger Anwendung des Römischen Rechts zu gelangen,
brauchen wir so lange Zeit nicht, dieß ist größtentheils schon
jetzt möglich, obgleich mit stetem Fortschreiten nach innen, was
ich unsrer Wissenschaft nicht zum Tadel, sondern zu wahrer
Ehre rechne. Es kommt alles auf die Art an, wie das Studium behandelt wird. Vor hundert Jahren hat man in Deutschland viel mehr Mühe und Zeit an das Römische Recht gesetzt
als jetzt, und es ist unläugbar, daß man in eigentlicher Kenntniß nicht so weit kommen konnte, als [123] es jetzt bey guten
Lehrern möglich ist. Vollends mit den kritischen Schwierigkeiten, die Thibaut für ganz unübersteiglich erklärt ¹) hat es
so große Noth nicht. Wer es recht angreift, kann sich mit einer
ganz schlechten Ausgabe der Pandekten in die Methode der
Römischen Juristen einstudieren: es werden ihm zwar manche
Irrthümer im einzelnen übrig bleiben, aber auch diese wird er
größtentheils bey etwas kritischem Sinn mit Hülfe von drey,
vier Ausgaben, wie sie jeder leicht finden kann, mit Sicherheit
zu berichtigen im Stande seyn. Auch hierin sind zwei Dinge
gänzlich verwechselt: dasjenige nämlich, was zur allmählichen
und ganz erschöpfenden Entwicklung einer großen historischen
Aufgabe allerdings gehört, mit dem, was nothwendige Bedingung eines unmittelbar möglichen, in gewissem Sinne be-
friedigenden Grades sicherer Kenntniß ist. Alles, was hier
Thibaut über die Unsicherheit unsres Textes sagt, gilt eben
so von unsren heiligen Büchern; auch da wird die Kritik niemals ein Ende finden, aber wer überhaupt Nahrung und
Freude in ihnen finden kann, wird dadurch gewiß nicht gestört
werden. — Eine gerade entgegengesetzte und viel verbreitetere
Ansicht geht darauf, daß das Römische Recht viel leichter genommen werden könne und müsse, und daß nur wenig Zeit
darauf zu wenden [124] sey. Dieses ist theils behauptet, theils
(wie sich noch unten zeigen wird) praktisch ausgeführt worden,
besonders wo bey eingeführten neuen Gesetzbüchern das Römische

---

¹) a. a. O. S. 20. 21.

Recht bloßes Hülfsstudium werden sollte; desgleichen wenn von
der Bildung künftiger Gesetzgeber die Rede war. Zu diesen
Zwecken, glaubte man, sey das mühselige Detail entbehrlich,
man könne sich mit dem, was man den Geist dieses Rechts
nannte, begnügen. Dieser Geist nun besteht in dem, was sonst
Institutionen heißt und was zum ersten Orientiren ganz gute
Dienste leisten kann: die allgemeinsten Begriffe und Sätze ohne
kritische Prüfung, ohne Anwendung und besonders ohne Quel-
lenanschauung, wodurch alles erst wahres Leben erhält. Dieses
nun ist ganz umsonst, und wenn man nicht mehr thun will,
so ist selbst diese wenige Zeit völlig verloren: der einzige
Nutzen, den ein solches Studium haben kann, ist die Erhaltung
des Namens und der äußeren Form unsrer Wissenschaft, wodurch
vielleicht in einer künftigen besseren Zeit ihre Wiederbelebung
erleichtert werden kann. Ganz heillos ist besonders die Ansicht,
als ob ein künftiger Gesetzgeber, für welchen doch überhaupt
dieser Stoff als wichtig und bildend anerkannt wird, mit einer
solchen leichten, vornehmen Kenntniß, wofür das französische
teinture die glücklichste Bezeichnung ist, auskommen könnte.
Gerade für diese Anwendung auf eigene, neue Production ist
noch weit mehr gründliche Kenntniß nö[125]thig, als für das
gewöhnliche Geschäft des Juristen; man muß über den Buchstaben des historischen Materials sehr Herr geworden seyn, um
dasselbe frey als Werkzeug zur Darstellung neuer Formen gebrauchen zu können, sonst ist das sermocinari tamquam e
vinculis unvermeidlich. Jene verkehrte Ansicht ließe sich auf
die Sprache ungefähr so anwenden, als ob man zwar für den
Umgang und das gemeine Leben den Reichthum, die Kraft und
die Fülle der Sprache kennen müßte, für die Poesie aber mit
oberflächlicher Kenntniß genug haben könnte.

Was nun hier von dem Studium des Rechts verlangt
worden ist, soll nicht etwa in Büchern aufbewahrt, auch nicht
einzelnen Gelehrten anvertraut, sondern Gemeingut aller Juristen werden, die mit Ernst und mit offenem Sinn für ihren
Beruf arbeiten wollen. Es soll also eine lebendige Schule
entstehen, so wie sämmtliche Römische Juristen, nicht blos die
Sabinianer und eben so die Proculianer für sich, in der That

Eine große Schule gebildet haben. Auch können nur aus einer
solchen über die Gesammtheit der Juristen verbreiteten lebendigen Bearbeitung selbst die Wenigen hervorgehen, die durch ihren
Geist zu eigentlicher Erfindung berufen sind, und es ist ein
schädliches Vorurtheil, als ob diese sich immer finden würden,
der Zustand der Schule möchte seyn, welcher er wollte. Das
Beyspiel von Montesquieu ist in diesem Stück sehr lehrreich; niemand kann [126] die unabhängige Kraft verkennen,
womit er sich von der Beschränktheit seiner Zeit und Nation
frey zu erhalten bestrebt hat: nun war er Jurist vom Handwerk und in einem pays de droit écrit, auch haben die Römer
keinen eifrigern Verehrer als ihn gehabt, so daß es ihm an
Veranlassung und Neigung, Römisches Recht zu kennen, nicht
fehlen konnte; dennoch waren seine Kenntnisse hierin sehr mittel-
mäßig, und ganze Stücke seines Werkes werden dadurch völlig
bodenlos, wovon seine Geschichte des Römischen Erbrechts [1])
als Beyspiel dienen kann. Dies war die Folge der gänzlichen
Nullität der juristischen Schule seiner Zeit, welche er nicht zu
überwinden vermochte. Überhaupt wird sich Jeder durch gründliches Studium der Literargeschichte überzeugen, wie weniges in
ihren Erscheinungen ganz den einzelnen Individuen, unabhängig
von den Kräften und Bestrebungen des Zeitalters und der
Nation, mit Wahrheit zugeschrieben werden kann. — Aber diese
Gemeinschaft unsrer Wissenschaft soll nicht bloß unter den Juristen von gelehrtem Beruf, den Lehrern und Schriftstellern,
statt finden, sondern auch unter den praktischen Rechtsgelehrten.
Und eben diese Annäherung der Theorie und Praxis ist es,
wovon die eigentliche Besserung der Rechtspflege ausgehen muß,
und [127] worin wir vorzüglich von den Römern zu lernen
haben: auch unsere Theorie muß praktischer und unsere Praxis
wissenschaftlicher werden, als sie bisher war. Leibniz urtheilte,
daß unter den juristischen Schriftstellern fast nur die Verfasser
von Consilien die Rechtswissenschaft wahrhaft erweiterten und
durch Beobachtung neuer Fälle bereicherten [2]): zugleich wünscht
er, daß eine Gesellschaft von etwa 30 Juristen neue Pandekten

---

[1]) Esprit des lois liv. 27.
[2]) Nova methodus P. 2. § 82.

als Auszug alles wahrhaft praktischen und eigenthümlichen in
neueren Schriftstellern verfassen möchte[1]). Unabhängig von
Leibniz, aber in ähnlichem Sinne, schlägt Möser vor, durch
planmäßige Sammlung wirklicher Rechtsfälle eines Landes neue
Pandekten anzulegen[2]). Beides sehr schön; nur ist eine nothwendige Bedingung nicht mit in Rechnung gebracht, die Fähigkeit nämlich wahre Erfahrungen zu machen. Denn man muß
das klare, lebendige Bewußtseyn des Ganzen stets gegenwärtig
haben, um von dem individuellen Fall wirklich lernen zu können,
und es ist also wieder nur der theoretische, wissenschaftliche
Sinn, wodurch auch die Praxis erst fruchtbar und lehrreich
erscheint. Allerdings ist in dem Mannichfaltigen die Einheit
enthalten, aber wir sehen sie darin nicht, wenn wir nicht den
ausgebildeten Sinn für dieselbe mit hinzu [128] bringen: ja,
wir werden ohne diesen Sinn die individuelle Gestalt des Mannichfaltigen selbst nicht mit Sicherheit unterscheiden. Darum
hat in den Pandekten jeder Rechtsfall eine bestimmte Indivi-
dualität: dagegen, wenn man Urtheilssprüche des achten und
neunten Jahrhunderts liest, so lautet einer wie der andere, und
es ist, als ob sich nur immer derselbe Rechtsfall wiederholt
hätte. Nicht als ob in der That die Verhältnisse selbst bis zu
diesem Grad der Einförmigkeit herabgesunken wären; aber die
Fähigkeit der Unterscheidung war verloren, und je mehr diese
fehlt, desto unmöglicher ist sicheres und gleiches Recht. Ein
treffliches Mittel zu dieser Annäherung der Theorie und Praxis
würde ein zweckmäßiger Verkehr der Juristenfakultäten mit den
Gerichtshöfen seyn, welcher neuerlich vorgeschlagen worden ist[3]).
Die Juristenfakultäten als Spruchcollegien konnten dazu dienen,
und thaten es wohl ursprünglich nach ihrer Weise: aber nachdem sie zu allgemeinen Urtheilsfabriken geworden, mußte ihre
Arbeit meist handwerksmäßiger ausfallen, als die der bessern
Gerichte, ja es stand nun bey alten Fakultäten nicht mehr in
der Macht einsichtsvoller Mitglieder dieses Verhältniß zu reinigen;

---

[1]) l. c. § 85 — 90.
[2]) Mösers Vorschlag zu einer Sammlung einheimischer Rechtsfälle: patriotische Phantasien Th. 2. N. 53. (3te Ausgabe N. 44.)
[3]) Schmid Deutschlands Wiedergeburt. S. 278. 279.

nicht zu gedenken, daß durch die nothwendige Übung dieses
uner[129]sprießlichen Handwerks der gelehrten Jurisprudenz die
besten Kräfte entzogen wurden und zum Theil noch entzogen
werden. Zugleich ist diese Verknüpfung der Praxis mit einer
lebendigen, sich stets fortbildenden Theorie das einzige Mittel,
geistreiche Menschen für den Richterberuf wahrhaft zu gewinnen.
Zwar Ehre und Rechtlichkeit kann der Richterstand auch ohne
dieses haben, auch kann er sich fortwährend bilden durch Be-
schäftigungen außer seinem Beruf, wie sie jeden nach seiner
Eigenthümlichkeit vorzugsweise ansprechen: aber ganz anders
wird es seyn, wenn der eigene Beruf selbst durch seinen Zusammenhang mit dem Ganzen einen wissenschaftlichen Character
annimmt, und selbst zu einem Bildungsmittel wird. Ein solcher
Zustand allein wird alle Forderungen befriedigen können: der
Einzelne wird nicht als bloßes Werkzeug dienen, sondern
in freyem, würdigem Berufe leben, und die Rechtspflege wird
wahre, kunstmäßige Vollendung erhalten. Auch die Franzosen
haben dieses Bedürfniß anerkannt, nur freylich auf ihre eigene
etwas unedle Weise[1]). Das nachtheiligste Verhältniß in dieser
Rücksicht ist unläugbar dasjenige, worin der Richter darauf
beschränkt [130] seyn soll, einen gegebenen Buchstaben, den er
nicht interpretiren darf, mechanisch anzuwenden: betrachtet man
dieses Verhältniß als den äußersten Punkt auf einer Seite, so
würde das entgegengesetzte äußerste darin bestehen, daß für jeden
Rechtsfall der Richter das Recht zu finden hätte, wobey durch
die Sicherheit einer streng wissenschaftlichen Methode bennoch
alle Willkühr ausgeschlossen wäre. Zu diesem zweyten End-
punkte aber ist wenigstens eine Annäherung möglich, und in
ihm wäre die älteste Deutsche Gerichtsverfassung in verjüngter
Form wieder erweckt.

Ich bin oben von einem breyfachen Bedürfniß ausgegangen:
Rechtsquelle, Personal, und Prozeßform, alle in löblichem Zu-

---

[1]) Projet de code civil p. XIII. „Dans l'état de nos sociétés,
il est trop heureux que la jurisprudence forme une science qui
puisse fixer le talent, flatter l'amour propre et réveiller l'émulation."
— P. XIV. „On ne saurait comprendre combien cette habitude de
science et de raison adoucit et règle le pouvoir."

stande. Wie die Rechtsquelle auf gründlicher und verbreiteter Wissenschaft beruhen solle, ist gezeigt worden: desgleichen wie eben dadurch das Personal der Rechtspflege für diesen Beruf wahrhaft gewonnen werden könne. Allein beides wird allerdings nicht zureichen, wenn die Form des Prozesses schlecht ist. Von dieser Seite aber bedürfen manche Deutsche Länder einer schnellen und gründlichen Hülfe. Die allgemeinsten Gebrechen sind: Anarchie der Advokaten, Mißbrauch der Fristen und ihrer Verlängerungen, Vervielfältigung der Instanzen und vorzüglich der Aktenversendung, die auf verständige Weise angewendet die trefflichsten Dienste leisten würde. Dagegen muß allerdings durch Gesetzgebung [131] geholfen werden: auch ist gemeinsame Berathung und Mittheilung der Deutschen Länder hierüber sehr wünschenswerth. Nur ist nicht nothwendig, daß gerade Eine allgemeine Form sogleich überall eingeführt werde. Mögen doch verschiedene Erfahrungen gemacht werden, was sich als das beste bewährt, wird dann wohl allgemeinen Eingang finden. Zwischen dem Preußischen und dem bisherigen gemeinen Prozeß, deren Idee man als entgegengesetzt betrachten kann, liegen noch manche Abstufungen in der Mitte, über deren Werth wohl nur Erfahrung entscheiden kann.

Nach dieser Ansicht also würde in den Ländern des gemeinen Rechts zwar kein Gesetzbuch gemacht werden: aber die bürgerliche Gesetzgebung überhaupt ist damit keineswegs für entbehrlich erklärt. Außer den Gesetzen von politischem Grunde (welche nicht hierher gehören), würde sie ein doppeltes Object haben können: Entscheidung von Controversen, und Verzeichnung alter Gewohnheiten. Mit der gesetzlichen Entscheidung von Controversen wäre ein Haupteinwurf beseitigt, wodurch man bisher die praktische Anwendbarkeit des Römischen Rechts ohne weitere Untersuchung zu widerlegen geglaubt hat. Überdem ist es aber mit diesen Controversen so schlimm in der That nicht. Man muß erstlich nicht gerade alles für controvers halten, woran sich irgend einmal Unwissenheit oder Geistlosigkeit versucht hat, ohne sonderlichen Eingang zu finden. [132] Zweytens braucht sich die Gesetzgebung auch mit solchen Controversen nicht zu bemühen, die zwar in unsern Lehrbüchern stehen, aber

in der Praxis sehr selten vorkommen. Rechnet man beide
Fälle ab, so bleibt allerdings noch manches zu thun übrig,.allein
der Code Napoleon, so jung er ist, kann sich darin schon
recht gut neben dem Römischeu Rechte sehen lassen. Diese Controversen indessen wären vielleicht besser in Form provisorischer
Verfügungen oder Anweisungen au die Gerichte zu entscheiden,
als durch eigentliche Gesetze, indem durch jene der möglichen
besseren Ergründung durch Theorie weniger vorgegriffen würde.
— Das zweyte Object der Gesetzgebung wäre die Verzeichnung
des Gewohnheitsrechts, über welches auf diese Weise eine ähnliche Aufsicht wie in Rom durch das Edict ausgeübt würde.
Man darf nicht glauben, daß so das bisher bestrittene Gesetzbuch doch wieder zugelassen würde, nur unter anderem Namen:
der Unterschied betrifft vielmehr gerade das Wesen der Sache.
Nämlich in dieses Gewohnheitsrecht wird nur dasjenige aufgenommen, was durch wirkliche Übung entschieden ist, und dieses
wird ohne Zweifel jetzt, da man diese Entscheidung vor sich
hat, völlig begriffen: das Gesetzbuch dagegen ist genöthigt, über
alles zu sprechen, auch wenn kein Trieb dazu da ist, und keine
specielle Anschauung dazu fähig macht, blos in Erwartung
künftiger möglicher Fälle. Daß über die Art der Ausführung
dieser [133] übrig bleibenden Zweige bürgerlicher Gesetzgebung
hier nicht gesprochen werden kann, wird jedem von selbst einleuchten.

Ich habe bis jetzt für die Länder des gemeinen Rechts
untersucht, welcher Weg in dem bürgerlichen Recht zunächst zu
betreten ist, wenn dasselbe in einen löblichen Zustand kommen
soll. Ich will noch das höhere Ziel hinzufügen, dessen Möglichkeit auf demselben Wege liegt. Ist einmal Rechtswissenschaft
auf die hier beschriebene Weise Gemeingut der Juristen geworden, so haben wir in dem Stand der Juristen wiederum ein
Subject für lebendiges Gewohnheitsrecht, also für wahren Fortschritt, gewonnen; von diesem Gewohnheitsrecht war unser Gerichtsgebrauch nur ein kümmerliches Surrogat, am kümmerlichsten
der Gerichtsgebrauch der Juristenfakultäten. Der historische
Stoff des Rechts, der uns jetzt überall hemmt, wird dann von
uns durchdrungen seyn und uns bereichern. Wir werden dann

ein eigenes, nationales Recht haben, und eine mächtig wirksame
Sprache wird ihm nicht fehlen. Das Römische Recht können
wir dann der Geschichte übergeben, und wir werden nicht blos
eine schwache Nachahmung Römischer Bildung, sondern eine
ganz eigene und neue Bildung haben. Wir werden etwas
höheres erreicht haben, als blos sichere und schnelle Rechtspflege:
der Zustand klarer, anschaulicher Besonnenheit, welcher dem
Recht jugendlicher Völker eigen zu [134] seyn pflegt, wird sich
mit der Höhe wissenschaftlicher Ausbildung vereinigen. Dann
kann auch für zukünftige schwächere Zeiten gesorgt werden, und
ob dieses durch Gesetzbücher oder in anderer Form besser geschehe, wird dann Zeit seyn zu berathen. Daß dieser Zustand
jemals eintreten werde, sage ich nicht: dieses hangt von der
Vereinigung der seltensten und glücklichsten Umstände ab. Was
wir Juristen hinzu bringen können, ist offener Sinn, und treue
tüchtige Arbeit: haben wir diese gethan, so mögen wir den
Erfolg ruhig abwarten, vor allem aber uns hüten, dasjenige
zu zerstören, was näher zu jenem Ziele führen kann.

Als das Jüdische Volk am Berge Sinai das göttliche Gesetz
nicht erwarten konnte, machte es aus Ungeduld ein goldenes
Kalb, und darüber wurden die wahren Gesetztafeln zerschlagen.

9.
Was bey vorhandenen Gesetzbüchern zu thun ist.

[135] Ich komme nun zu den Deutschen Ländern, in welchen
Gesetzbücher schon vorhanden sind: es versteht sich, daß darunter
nur das Preussische Landrecht und das Österreichische Gesetzbuch
gedacht werden kann, nicht der Code, welcher als eine über-
standene politische Krankheit betrachtet werden muß, wovon wir
freylich noch manche Übel nachempfinden werden.

Über jene Deutschen Gesetzbücher nun habe ich meine Meynung schon geäußert; aber man würde mich misverstehen, wenn
man diese Meynung so deuten wollte, als ob damit die Abschaffung der Gesetzbücher für etwas wünschenswerthes erklärt
wäre. Diese sind vielmehr als eigene, neue Thatsachen in der

Geschichte des Rechts zu behandeln, und ihre Aufhebung würde nicht nur unvermeidlich große Verwirrung zur Folge haben, sondern es müßte auch nachtheilig auf den öffentlichen Geist wirken, wenn dasjenige, was mit der besten Absicht und großer Anstrengung kaum vollendet war, plötzlich zurückgenommen werden sollte. Auch tritt ein großer Theil des [136] Übels, welches aus einem allgemeinen Gesetzbuche folgen würde, bey ihnen nicht ein, so lange in andern Deutschen Ländern das gemeine Recht fortdauert. Also von Aufhebung ist nicht die Rede, wohl aber ist ernstlich zu bedenken, wie die Übel vermieden werden können, die bey unrichtiger Behandlung der Gesetzbücher eintreten dürften.

Wen nämlich dasjenige, was über die Natur und Entstehung unsrer Gesetzbücher gesagt worden ist, überzeugt hat, der wird nicht zweifeln, daß dasselbe historisch begründete Rechtsstudium, welches vor ihrer Einführung nothwendig war, auch durch sie nicht im geringsten entbehrlicher geworden ist, und daß insbesondere gar nichts geleistet wird, wenn man glaubt, sich um ihretwillen nun mit einer oberflächlichen Darstellung des bisherigen Rechts behelfen zu können. Diese fortdauernde Nothwendigkeit ist für die unmittelbare Anwendung dringender bey dem Österreichischen Gesetzbuch (S. 66): aber sie ist aus anderen Gründen auch bey dem Preussischen Landrecht nicht geringer. Die häufig gehegte Erwartung also, daß das Rechtsstudium dadurch leichter und einfacher werden könne, ist irrig: soll es nicht schlecht und für den gegebenen Rechtszustand unzureichend werden (denn alsdann ist jeder Grad der Vereinfachung möglich), so bleibt alle vorige Arbeit, und es kommt noch eine neue hinzu, die wegen Zerstörung der ursprünglichen Form unerfreulicher ist, als [137] die vorige. Aber nicht blos für die gründliche Kenntniß und Anwendung der Gesetzbücher ist das vorige Studium unentbehrlich, sondern auch für ihre Fortbildung und Vervollkommnung, die doch jeder für nothwendig erkennen wird, er mag auch den Werth derselben noch so hoch anschlagen. Denn die Gesetzbücher selbst sind auf theoretischem Wege entstanden, und nur auf diesem Wege können sie mit Sicherheit geprüft, gereinigt und vervollkommnet werden.

6*

Für diese Arbeit scheint ein bloßes Collegium von Geschäftsmännern, die durch ihren Beruf und die Menge übriger Arbeiten ihren lebendigen Verkehr mit der Theorie zu beschränken
genöthigt sind, nicht hinreichend. Auch die fortgesetzte Prüfung
des Gesetzbuchs durch Achtsamkeit der Gerichte auf die Anwendung ist zwar vortrefflich, aber nicht hinlänglich: viele Mängel
werden auf diesem Wege entdeckt werden können, dennoch bleibt
der Weg selbst zufällig, und eben so viele Mängel können von
ihm unberührt bleiben. Die Theorie steht zur Praxis nicht ganz
in demselben Verhältniß, wie ein Rechnungsexempel zu seiner
Probe.

Es ist interessant, zu betrachten, wie man in den Staaten,
worin Gesetzbücher eingeführt sind, das Studium angesehen und
geordnet hat. Dabey mag denn auch wieder der Zustand der
Dinge in Frankreich, und zwar die gegenwärtige Einrichtung
der Pariser Rechts-[138]schule, in Betracht kommen [1]). Zu dieser
Schule gehören drey Professoren für den Code, einer für den
Prozeß, einer für das Römische Recht, und diese sollen sich in
jeder Rechtsschule finden; aber Paris hat noch außerdem zwey
besondere Lehrstellen, für den code civil approfondi und für
den code de commerce. Criminalrecht und Criminalprozeß,
Rechtsgeschichte und altfranzösisches Recht werden nicht gelesen.
Jeder Professor hält stets Einen Cursus, welcher einjährig ist
(mit Abzug von 3 Monaten Ferien in Paris, an andern Orten
aber nur von 2 Monaten), und wöchentlich aus drey andert-
halbstündigen Vorlesungen besteht: dieser Umfang ist bey allen
Vorlesungen derselbe. Der Code also wird in drey solchen
Cursen gelehrt, indem jeder Lehrer nur ein Drittheil des Ganzen abhandelt. Jeder Professor hat einen suppléant, der für
ihn eintritt, wenn er zu lesen verhindert ist. Das Römische
Recht las Berthelot über die Institutionen des Heineccius,
denen er eine französische Übersetzung beygegeben hatte, damit
die Zuhörer sie verstehen könnten; seit Berthelots Tode liest
es dessen bisheriger suppléant Blondeau, aber, was man nicht

---

[1]) Ich benutze die handschriftliche und mündliche Mittheilung eines
Doctors dieser Rechtsschule.

glauben sollte, über den Code, indem er bey jedem Artikel die
Abweichungen bemerkt. Der Baccalaureus muß zwey Jahre,
der Licentiat drey, der Doctor [139] vier Jahre studiert haben;
dem ersten ist der Cursus des Römischen Rechts vorgeschrieben,
für den zweyten ist dessen Wiederholung eigenem Gutdünken
überlassen, dem dritten ist diese Wiederholung wiederum vorgeschrieben: was aber wohlgemerkt immer nur die Wiederholung
derselben Institutionen bey demselben Lehrer ist. Es wird nicht
nöthig seyn, nach dem, was bisher ausgeführt worden ist, noch
besondere Gründe gegen diesen Studienplan vorzubringen: aber
besonders merkwürdig ist der greisliche Zirkel, worin man sich
befindet. Die Redactoren selbst haben oft erklärt, daß der
Code zur Anwendung nicht hinreiche, sondern für diese die Ergänzung durch Wissenschaft nothwendig' sey. Und doch dreht
sich der wissenschaftliche Unterricht wieder ganz um den Code,
denn das wenige Römische Recht ist gar nicht zu rechnen.
Welches ist denn also die faktische Grundlage dieser Wissenschaft? ohne Zweifel der Gerichtsgebrauch, derselbe Gerichtsgebrauch, dessen Verschiedenheit aufzuheben das wichtigste Bestreben
schien, und der durch Auflösung der alten Gerichte und Ver-
mischung ihrer Sprengel alle Haltung verloren hat! Daß nun
ein solcher Zustand nicht stehen bleibt, sondern immer weiter
rückwärts führt, ist handgreiflich. Es liegt in der Natur, daß
in jedem Zeitalter der Zustand der Rechtswissenschaft durch den
Werth desjenigen bestimmt wird, was dieses Zeitalter als
nächstes Object des Studiums in der That (wenn gleich nicht
[140] immer den Worten nach) betrachtet und behandelt; stets
wird die Rechtswissenschaft etwas und vielleicht viel tiefer stehen,
als dieses Object. So z. B. hatten die ersten Glossatoren den
Vortheil, daß sie aus den Quellen selbst zu schöpfen genöthigt
waren, diese waren also ihr Object; Bartolus dagegen hatte
schon die Schriften der Glossatoren zum Object, die sich nunmehr zwischen die gegenwärtigen Juristen und die Quellen gestellt hatten, und dieses ist ein Hauptgrund, warum die Schule
des Bartolus so viel schlechter ist, als die der Glossatoren.
Derselbe Rückschritt wird überall statt finden, wo nicht der
Grundsatz befolgt wird, jeden Stoff bis zu seiner Wurzel zu

verfolgen, welcher Grundsatz oben als der Character der historischen Methode angegeben worden ist. So denn auch bey dem Code; wenn z. B. einer der Redactoren auch die übertriebenste Meynung vom Werthe des Code hegte, so würde er doch im Vertrauen bekennen, daß er selbst höher stehe als dieses sein Werk: er würde einräumen, daß er selbst seine Bildung unabhängig von dem Code erhalten habe, und daß die gegenwärtige Generation, die durch den Code erzogen werden soll, nicht auf den Punkt kommen würde, worauf er selbst steht, und worauf er fähig war, ein solches Werk hervorzubringen. Diese einfache Überlegung wird dasselbe Resultat überall haben, wo man mit Einführung des neuen Gesetzbuchs zugleich das vorige Studium zerstört, gleichsam die Brücke [141] hinter sich abwerfend, auf welcher man über den Strom gekommen ist.

Die neue Österreichische Studienordnung (von 1810) verbindet das juridische und politische Studium zu einem Ganzen[1]), welches in vier Jahren dergestalt geeubigt wird, daß diese ganze Zeit hindurch täglich drey Stunden den Vorlesungen bestimmt sind[2]). Jeder Lehrgegenstand wird nur einmal gehört. Deutsches Recht kommt nicht vor, ohne Zweifel deshalb, weil es auch vor dem neuen Gesetzbuch in Österreich wenig verbreitet war[3]). Dagegen wird allerdings Römisches Recht gelehrt, und die Gründe, welche die Aufnahme desselben in den Lehrplan bewirkt haben, sind die trefflichsten und liberalsten. Der erste ist die Entstehung des neuen Gesetzbuchs aus dem Römischen Recht: der zweyte, daß das bisherige gemeine Recht (und besonders der Römische Theil desselben) zu jeder positiven Rechtswissenschaft in einem ähnlichen Verhältniß stehe, wie die alten

---

[1]) Als Quellen sind hierüber benutzt worden: Instruction zur Ausführung des Lehrplanes ꝛc. im 35sten Bande von K. Franz I. Gesetzsammlung. — A. von Heß encycl. methodol. Einleitung in das juridisch-politische Studium. Wien und Triest 1813. 8. Dem Vf. sind laut S. 9 die Acten über den Studienplan mitgetheilt worden, so daß seine Darstellung der Gründe desselben gewissermaaßen als officiell zu betrachten ist.

[2]) Heß § 39.

[3]) Heß § 13.

Sprachen zur allgemeinen [142] Bildung: nämlich als das
eigentlich gelehrte Element, wodurch unser Fach zur Wissenschaft werde, und zugleich als das Gemeinsame unter den Juristen
verschiedener Völker [1]). Diese Ansicht, die ohne Zweifel die der
Studienkommission selbst ist [2]), verdient gewiß den größten
Beyfall, allein ob die gewählten Mittel zu diesem anerkannten
Zweck hinreichen, muß ich bezweifeln. Zwar soll der Lehrer
des Römischen Rechts eine Geschichte desselben voraus schicken,
und dahin trachten, daß der Zuhörer „das Syltem desselben in
seinen Grundzügen und aus seinen Quellen kennen lerne" [3]):
allein bey der vorgeschriebenen beschränkten Zeit ist es ganz
unmöglich, mehr als gewöhnliche Institutionen vorzutragen, da
für das ganze Fach nur eine halbjährige Vorlesung von zwey
Stunden täglich (nach schriftlichen Nachrichten eigentlich neun
Stunden die Woche) bestimmt ist, also genau dieselbe Zeit wie
in Paris. Was in einer so kurzen Zeit möglich ist, kann jeder
leicht berechnen: auch ist bereits ein Lehrbuch für die Vorlesungen nach diesem Plane erschienen [4]), an welchem deutlich zu
sehen ist, wie unbefriedigend dieser Unterricht bleiben muß, und
gewiß ohne [143] Schuld des Verfassers, dessen Fleiß und
Kenntniß neuerer Fortschritte der Rechtswissenschaft vielmehr
das beste Lob verdient. Es käme nur darauf an, sich von der
Unzulänglichkeit dieses Planes zu überzeugen, und dabey die
Erfahrung anderer Deutschen Länder unbefangen zu Rathe zu
ziehen: an Mitteln zu einer andern Einrichtung würde es nicht
fehlen, am wenigsten an Zeit. Der Plan ist darauf berechnet,
daß jeder Studierende täglich drey Stunden höre; nimmt man
anstatt dessen fünf Stunden an, so werden in vier Jahren 16
einfache Collegien gewonnen, und es können dann nicht nur
alle zum gelehrten Studium unentbehrliche Fächer, sondern auch
die Hauptvorlesungen bey mehreren Lehrern gehört werden,
wodurch erst rechtes Leben in den Unterricht der Universitäten

---

[1]) Heß § 16.
[2]) f. o. S. 86. Note 1.
[3]) Heß § 40. 41.
[4]) Kaufmann Anfangsgründe des Römischen Privatrechts. Erste
Abtheilung. Wien und Triest 1814. 8.

kommt. Zwar glaubte man, daß fünf Stunden täglich nach
der Localität zu viel sey, indem es z. B. zu viel Anstrengung
kosten würde, drey Stunden ununterbrochen zu hören [1]): allein
ich berufe mich auch hierüber auf die Erfahrung anderer Deutschen Universitäten, wo dieses niemals die geringste Schwierigkeit macht. Davon, daß es Universitäten giebt, wo manche
Studenten 10—11 Stunden täglich hören, will ich nicht sprechen, denn dieses wird auch dort für einen sehr schädlichen
Mißbrauch erkannt, dem man entgegen zu arbeiten sucht.

[144] In den Preussischen Staaten ist auch seit Einführung des
Landrechts niemals eine Studienordnung vorgeschrieben worden,
und diese durch alte Erfahrung Deutscher Universitäten bewährte
Freyheit ist stets unversehrt geblieben. Auch die Anzahl der
Lehrer, wie sie vorher durch das gemeine Recht nöthig war,
ist nicht vermindert worden, und die Curatoren der Universitäten haben niemals in den Lehrern oder den Studierenden die
Meynung erregt, als wäre ein Theil der vorher nöthigen Vorlesungen für entbehrlich zu achten. Ursprünglich hielt man es
für räthlich, daß auf jeder Universität wenigstens Eine Haupt-
stelle für das Preussische Recht bestimmt würde, und es wurde
ein bedeutender Preis für das beste Lehrbuch ausgesetzt[2]). Allein
selbst dieses wurde in der Folge nicht mehr befördert, wie
denn die Universität zu Berlin das Preussische Recht bis jetzt
nicht gelehrt hat. Dieselbe Ansicht liegt den eingeführten Prüfungen zum Grunde, indem die erste Prüfung, bey dem Eintritt
in wirkliche Geschäfte, blos auf gemeines Recht gerichtet wird:
die nächste Zeit ist nun für die unmittelbar praktische Bildung
des Rechtsgelehrten bestimmt[3]), und erst die nun folgenden
zwey Prüfungen haben auch das Landrecht [145] zum Gegenstande, jedoch ohne daß das gemeine Recht dabey ausgeschlossen
wäre. Offenbar ist also gegenwärtig die Bildung des Juristen,
als aus zwey Hälften bestehend, gedacht, so daß die erste Hälfte

---

[1]) Eggers Anhang zu Heß S. 93.
[2]) Vorerinnerung zum Entwurf des Gesetzbuchs Th. 2. Abthl. 3.
[3]) Ein sehr lehrreicher Aufsatz hierüber von dem Hrn. Justizminister von Kircheisen steht in Mathis jurist. Monotsschrift
B. 4. S. 65.

(die Univerſität) nur die gelehrte Grundlage, die zweyte dagegen
die Kenntniß des Landrechts, die des Preuſſiſchen Prozeſſes,
und die praktiſche Fertigkeit zur Aufgabe hat. Dafür, daß die
erſte Hälfte nicht aus Bequemlichkeit verkürzt werde, hat man
nicht durch eine ſpecielle Studienordnung geſorgt, wohl aber
erſtlich durch das vorgeſchriebene Triennium [1]), ſo daß die Anwendung dieſer Zeit, wie billig, der eigenen Wahl und dem
Rathe der Lehrer überlaſſen blieb; zweytens durch die Vor-
ſchrift, bey der Zulaſſung zum Staatsdienſte auch auf das
Zeugniß der Univerſitätslehrer, und ſelbſt auf das frühere
Schulzeugniß, Rückſicht zu nehmen [2]). Man muß bedenken, mit
welchem Ernſt und welcher Anſtrengung das Landrecht gemacht
worden iſt, um die ganze Achtung zu empfinden, welche dieſem
Verfahren der Preuſſiſchen Regierung gebührt. Denn auch
bey der feſten Überzeugung, daß das neu eingeführte ein
unbedingter Fortſchritt ſey, hat [146] ſie dennoch mit edler
Scheu ſich enthalten, der feſt gewurzelten wiſſenſchaftlichen
Gewohnheit zu gebieten, die durch das Bedürfniß und die
Einſicht der Zeiten allmählich entſtanden und entwickelt war.
Rühmliche Erwähnung verdient auch der gründliche Sinn
des Kammergerichts, auf deſſen Veranlaſſung im Jahr 1801
den juriſtiſchen Fakultäten der Gebrauch lateiniſcher Lehrbücher empfohlen wurde, weil ſeit Einführung der Deutſchen
Lehrbücher die juriſtiſche Kunſtſprache den Juriſten weniger
geläufig war [3]); noch ſicherer und vollſtändiger als durch Lehrbücher dürfte freylich dieſer Zweck durch die Quellen ſelbſt
erreicht werden. — Was insbeſondere die Vorleſungen über
das Landrecht betrifft, ſo glaube ich allerdings, daß dieſe in
der gegenwärtigen Lage beſſer nicht gehalten werden, indem
zum praktiſchen Bedürfniß die ſpätere Einübung hinreicht, eine
wiſſenſchaftliche Seite aber dem Gegenſtande abzugewinnen, aus
Mangel an ſpeciellen geſchichtlichen Quellen, ſchwer ſeyn dürfte.

---

[1]) Die Reſcripte hierüber von 1804. 1809 und 1812 ſind an folgenden Orten zu finden: Mathis Monatſchrift B. 1. S. 56. 61.;
B. 8. S. 352. 462. Kampz Monatſchrift Heft 1. S. 18.
[2]) Reſcript von 1813. in Kampz Monatſchrift Heft 3. S. 14.
[3]) Stengels Beyträge B. 13. S. 214. 218.

Anders würde es vielleicht seyn, wenn der oben (S. 57) ausgesprochene Wunsch öffentlicher Mittheilung von Materialien des Landrechts in Erfüllung gehen sollte.

Betrachten wir nun nochmals die drey genannten Gesetzbücher im Zusammenhang, und in besonderer Beziehung auf das Studium des Rechts, so ist einleuchtend, [147] daß ein eigenthümliches wissenschaftliches Leben aus ihnen nicht entspringen kann, und daß sich auch neben ihnen wissenschaftlicher Geist nur in dem Maaße lebendig erhalten wird, als' die geschichtlichen Quellen dieser Gesetzbücher selbst fortwährend Gegenstand aller juristischen Studien bleiben. Derselbe Fall aber müßte unfehlbar eintreten, wenn wir ein Gesetzbuch für Deutschland aufstellen wollten. Thibaut, welcher dieses anräth, will, wie sich bey ihm von selbst versteht, nicht die Wissenschaftlichkeit aufheben, vielmehr hofft er gerade für diese großen Gewinn. Welches nun die Basis der künftigen Rechtsstudien seyn soll, ob (wie in Preußen) die alten Quellen, oder (wie in Frankreich und Österreich) das neue Gesetzbuch selbst, sagt er nicht deutlich, doch scheint mehr das letzte seine Meynung [1]). Ist aber dieses der Fall, so fordere ich jeden auf, bey sich zu erwägen, ob auf eines der drey schon vorhandenen neuen Gesetzbücher, unabhängig von den Quellen des bisherigen Rechts und dieser Gesetzbücher selbst, eine wirkliche lebendige Rechtswissenschaft möglicherweise gegründet werden könne. Wer aber dieses nicht für möglich erkennt, der kann es auch nicht für das vorgeschlagene Gesetzbuch behaupten. Denn ich halte es, aus den oben entwickelten Gründen, für ganz unmöglich, daß dasselbe von den bisherigen Gesetz-[148]büchern nicht blos durch Vermeidung einzelner Mängel (was allerdings gedacht werden kann), sondern generisch verschieden ausfalle; ohne eine solche generische Verschiedenheit aber wird die Untauglichkeit zu Begründung einer selbstständigen Rechtswissenschaft stets dieselbe seyn. Was alsdann eintreten wird, läßt sich leicht vorhersehen. Wir werden entweder gar keine juristische Literatur haben, oder (was wahrscheinlicher ist) eine so flache, fabrikmäßige, unerträgliche, wie

---

[1]) Thibaut a. a. O., S. 29—32.

sie uns unter der Herrschaft des Code zu überschütten ange-
fangen hatte, und wir werden dann alle Nachtheile eines culti-
virten, verwickelten, auf literarisches Bedürfniß gebauten
Zustandes empfinden, ohne durch die eigenthümlichen Vortheile
desselben entschädigt zu werden. Ja, um alles mit Einem
Worte zu sagen, es könnte leicht kommen, daß der Zustand
des bürgerlichen Rechts bey uns schlechter würde, als er in
Frankreich ist; denn das Streben nach wissenschaftlicher Begründung gehört nicht zu den nationalen Bedürfnissen der
Franzosen, wohl aber zu den unsrigen, und ein so tief wur-
zelndes Bedürfniß läßt sich nicht ungestraft hintansetzen.

Wollte man dagegen die Rechtswissenschaft auch neben dem
neuen Gesetzbuch auf die alten Quellen gründen, so würden die
oben[1] angegebenen Schwierigkeiten [149] eintreten, und man
würde das Studium, anstatt es zu vereinfachen, vielmehr ver-
wickeln und weniger belohnend einrichten, also dem wahren
Zwecke gerade entgegen arbeiten. Man möchte etwa glauben,
der Erfolg würde ganz derselbe seyn, wie er bey einem ähnlichen Verfahren in den Preußischen Staaten wirklich vor Augen
liegt, wo gewiß das Personal der Rechtspflege trefflich ist, und
allgemeine Achtung genießt und verdient; aber auch diese Erwartung halte ich für eine leere Täuschung. Denn zwey Umstände dürfen dabey nicht übersehen werden, die den Erfolg in
anderen Deutschen Ländern leicht ungünstiger bestimmen dürften:
erstlich, daß der allgemeine Character der Preußischen Einrichtungen auch dieser einzelnen Einrichtung zusagt, und ihre Ausführung in gesundem Zustande erhält, was sich in anderen
Teutschen Ländern schwerlich so zeigen würde: zweytens aber
und weit mehr dieses, daß selbst in den Preußischen Staaten
die Lage des Rechts durch das vorgeschlagene Gesetzbuch der
übrigen Deutschen Länder anders werden würde. Denn die
Bildung der Preußischen Juristen wird begründet auf den
Universitäten, also durch die Quellen des gemeinen Rechts:
das Studium auf den Universitäten also macht mit dem der
übrigen Teutschen Ein Ganzes aus. Es ist aber nicht zu

---

[1] Abschn. 8.

bestimmen, wie viel Lebenskraft dieses Studium noch dadurch zieht, daß seine Quellen im übrigen Deutschland geltendes Recht sind, und wie ihm allmählich [150] Kraft und Leben schwinden würde, wenn diese Quellen überall unmittelbar zu gelten aufhören sollten. Dann also würde durch das Deutsche Gesetzbuch selbst für die Preußischen Staaten das Studium entkräftet seyn, und gegen dieses zu befürchtende Übel kaun uns begreiflich die Erfahrung nicht sicher stellen, die bis jetzt der Preußische Staat gemacht hat.

10.

Das Gemeinsame.

[151] Die Folge dieser Ansichten ist, daß das wissenschaftliche Studium des Rechts, als welchem alle Erhaltung und Veredlung desselben obliegt, in beyderlei Ländern, denen, die Gesetzbücher haben, und die sie nicht haben, dasselbe seyn müsse. Ja nicht auf das gemeine Recht allein beschränke ich diese Gemeinschaft, sie muß vielmehr auch auf die Landesrechte erstreckt werden aus zwey Gründen. Erstlich weil die Landesrechte großentheils nur durch Vergleichung und durch Zurückführung auf alte nationale Wurzeln verstanden werden können: zweytens weil schon an sich alles geschichtliche der einzelnen Deutschen Länder für die ganze Nation ein natürliches Interesse hat. Daß die Landesrechte bisher am wenigsten auf diese Weise behandelt worden sind, wird niemand läugnen [1]); aber viele Gründe lassen für die Zukunft allgemeinere Theilnahme an der vaterländischen Geschichte hoffen, und davon wird auch das Studium der Landesrechte belebt werden, die eben so wenig als das gemeine Recht dem bloßen Handwerk anheim fallen dürfen. Und so führt [152] unsre Ansicht auf einem anderen Wege zu demselben Ziel, welchem die Freunde des allgemeinen Gesetzbuchs nachstreben, aus dem bürgerlichen Recht nämlich

---

[1]) Thibaut a. a. O., S. 27. 28.

eine gemeinsame Angelegenheit der Nation, und damit zugleich
eine neue Befestigung ihrer Einheit zu machen; nur führt unsre
Ansicht vollständiger dahin, indem sie in der That alle Deut=
schen Lande umfaßt, während durch das vorgeschlagene Gesetz=
buch Deutschland in drey große Ländermassen zerfallen würde,
die durch das bürgerliche Recht sogar schärfer als vorhin ge=
schieden wären: Österreich nämlich, Preußen, und die Länder
des Gesetzbuchs [1]).

Daß nun diese Gemeinschaft des bürgerlichen Rechts in
allen wirklichen Einrichtungen anerkannt und vorausgesetzt
werde, halte ich eben wegen jener durch sie mit zu begründen=
den Vereinigung für eine der wichtigsten Angelegenheiten der
Nation. Wie es keine Preussische und Bairische Sprache oder
Literatur giebt, sondern eine Deutsche, so ist es auch mit den
Urquellen unsres Rechts und mit deren geschichtlicher Erfor=
schung; daß es so ist [153] hat kein Fürst mit Willkühr
gemacht, und keiner kann es hindern, nur kann es verkannt
werden: aber jeder Irrthum über das, was wahrhaft der Nation
angehört, und fälschlich als dem einzelnen Stamme eigen be=
handelt wird, bringt Verderben.

Sehen wir nun um uns, und suchen ein Mittel, wodurch
dieses gemeinsame Studium äußerlich begründet und befördert
werden könne, so finden wir ein solches, nicht mit Willkühr
ersonnen, sondern durch das Bedürfniß der Nation seit Jahr=
hunderten bereitet, in den Universitäten. Die tiefere Begründung
unsres Rechts, und vorzüglich des vaterländischen, für welches
noch am meisten zu thun ist, ist von ihnen zu erwarten, aber
auch mit Ernst zu fordern. Allein damit sie diesem Beruf
ganz genügen könnten, müßte ein Wunsch erfüllt werden, in

---

[1]) Nämlich die gegenwärtigen Vorschläge eines neu einzuführenden
Gesetzbuchs sind lediglich veranlaßt durch den Zustand der Länder,
worin bis jetzt das gemeine Recht oder der Code galt, und ich habe
stillschweigend angenommen, daß der Vorschlag selbst nicht weiter gehe
als diese seine Veranlassung. Sollte aber auch Österreich und Preussen
darin mitbegriffen seyn, so wäre allerdings von der politischen Seite
diese Vollständigkeit sehr zu loben, aber für diese Länder selbst wäre
wohl zu bedenken, was oben (Abschn. 8.) in anderer Rücksicht gegen
die Abschaffung ihrer Gesetzbücher gesagt worden ist.

welchen gewiß auch diejenigen herzlich einstimmen werden, welchen bis jetzt unsre Ansicht entgegen gesetzt war. Österreich, Baiern und Würtemberg, diese trefflichen, gebiegenen Deutschen Stämme, stehen (theils von jeher, theils gegenwärtig) mit dem übrigen Deutschland nicht in dem vielseitigen Verkehr des Universitätsunterrichts, welcher ben übrigen Ländern so großen Vortheil bringt; theils Gewohnheit, theils beschränkende Gesetze hemmen diesen Verkehr. Die Erfahrung dieser letzten Zeit hat gezeigt, welches Zutrauen die Deutschen Völker zu einander fassen bürfen, und wie nur in der innigsten Verei-[154]nigung ihr Heil ist. Darum scheint es an der Zeit, daß jener Verkehr nicht nur frey gestattet, sondern auf alle Weise begünstigt und beförbert werde: für gefährlich kann ihn jetzt niemand halten, und wie er wohlthätig für die Verbrüderung der Völker wirken könne, muß jedem einleuchten. Aber nicht blos politisch würde dieser unbeschränkte und vielseitige Verkehr höchst wichtig seyn, sondern auch noch mehr für den innern, wissenschaftlichen Werth der Lehranstalten selbst. Wie sich bey dem allgemeinen Welthandel ein irriges Münzsystem einzelner Staaten nicht halten kann, ohne bald in schlimmen Folgen empfunden und entbeckt zu werden, so würde eine mangelhafte Einrichtung einzelner Universitäten durch diesen erwünschten Verkehr bald erkannt und verbessert werden können; alle Universitäten würden sich gegenseitig halten und heben, und die Erfahrung einer jeden würde ein Gemeingut aller werden.

11.

Thibauts Vorschlag.

[155] Thibaut versichert im Eingang seiner Schrift, daß er als warmer Freund seines Vaterlandes rede, und gewiß, er hat ein Recht, dieses zu sagen. Denn er hat zur Zeit des Cobe in einer Reihe von Recensionen auf die Würde der Deutschen Jurisprudenz gehalten, während Manche die neue Weisheit, Manche selbst die Herrschaft, wozu diese führte, mit thörichtem Jubel begrüßten. Auch das Ziel seines Vorschlags, die

festere, innigere Vereinigung der Nation, bestätigt diese gute
Gesinnung, die ich mit Freuden anerkenne. Bis auf diesen
Punkt also sind wir einig, und darum ist unser Streit kein
feindseliger, uns liegt derselbe Zweck ernsthaft am Herzen, und
wir berathen und besprechen uns über die Mittel. Aber freylich
über diese Mittel sind unsre Ansichten sehr entgegen gesetzt.
Vieles davon ist schon oben im Zusammenhang dieser Schrift
abgehandelt worden, der eigentliche Vorschlag selbst ist nun
noch zu prüfen.

Thibaut nimmt an, daß vorgeschlagene Gesetzbuch könne
in zwey, drey, vier Jahren gemacht werden [1], [156] nicht als
bloßer Behelf, sondern als ein Ehrenwerk, welches als Heilig-
thum auf Kinder und Kindeskinder vererbt werden möge [2],
und woran auch in Zukunft nur noch in einzelnen Stellen nach-
zubessern seyn würde [3]. Für leicht hält er die Arbeit keinesweges, vielmehr für das schwerste unter allen Geschäften [4].
Natürlicherweise ist die Hauptfrage die, wer dieses Werk machen
soll, und dabey ist es höchst wichtig, daß wir uns nicht durch
übertriebene Erwartungen von der Gegenwart täuschen lassen,
sondern ruhig und unpartheyisch überschlagen, welche Kräfte uns
zu Gebote stehen. Dieses hat auch Thibaut gethan; auf zwey
Classen von Arbeitern müssen wir rechnen, Geschäftsmänner und
Juristen von gelehrtem Beruf, und beide verlangt, wie sich von
selbst versteht, auch er. Aber von den Geschäftsmännern im
einzelnen ist seine Erwartung sehr mäßig [5], und auch auf die
Gelehrten setzt er nach einigen Äußerungen keine übertriebene
Hoffnung [6]. Eben deshalb fordert er eine collegialische Ver-
handlung: nicht Einer, auch nicht Wenige, sondern Viele und
aus allen Ländern sollen das Gesetzbuch machen [7].

Allerdings giebt es Geschäfte im Leben, worin sechs Menschen genau sechsmal so viel ausrichten als Einer, [157] andere
worin sie sogar mehr, noch andere dagegen worin sie weit
weniger als dieses leisten. Das Gesetzbuch nun ist eine solche
Arbeit, worin die vereinigte Kraft Vieler keinesweges eine nach)

[1] A. a. O., S. 64. [2] S. 59. 60. [3] S. 41. [4] S. 35.
[5] S. 36—39. [6] S. 17. 29. [7] S. 35. 36. 40.

Verhältniß erhöhte Kraft seyn würde. Noch mehr: es wird als ein löbliches, treffliches Werk auf diesem Wege gar nicht entstehen können, und zwar aus dem einfachen Grunde, weil es nach seiner Natur weder eine einzelne Bestimmung, noch ein Aggregat solcher einzelnen Bestimmungen ist, sondern ein organisches Ganze. Ein Richtercollegium z. B. ist beßhalb möglich, weil über Condemnation oder Absolution in jedem einzelnen Fall die Stimmen abgegeben und gezählt werden können. Daß damit die Verfertigung des Gesetzbuchs keine Ähnlichkeit hat, leuchtet von selbst ein. Ich komme auf dasjenige zurück, was oben erörtert worden ist. Unter den Römern zur Zeit des Papinian war ein Gesetzbuch möglich, weil ihre gesammte juristische Literatur selbst ein organisches Ganze war: man könnte (mit einem Kunstausbruck der neueren Juristen) sagen, daß damals die einzelnen Juristen fungible Personen waren. In einer solchen Lage gab es sogar mehrere Wege, die zu einem guten Gesetzbuch führen konnten: entweder Einer konnte es machen, und die Andern konuten hinterher einzelne Mängel verbessern, was beswegen möglich war, weil in der That jeder einzelne als Repräsentant ihrer juristischen Bildung überhaupt gelten konnte: oder [158] auch Mehrere konnten, unabhängig von einander, jeder das Ganze ausarbeiten, und durch Vergleichung und Verbindung dieser Werke würde ein neues entstanden seyn, vollkommener als jedes einzelne, aber mit jedem gleichartig.

Nun bitte ich jeden, mit diesem Instand den unsrigen zu vergleichen, der jenem gerade hierin völlig entgegen gesetzt ist. Um mit dem geringeren anzufangen, wähle jeder in Gedanken eine Anzahl der jetztlebenden Juristen aus, und frage sich, ob aus deren gemeinschaftlicher Arbeit auch nur ein System des bestehenden Rechts hervorgehen könne: er wird sich bald von der völligen Unmöglichkeit überzeugen. Daß aber ein Gesetzbuch eine viel größere Arbeit ist, und daß von ihm besonders ein höherer Grad organischer Einheit verlangt werden muß, wird gewiß niemand läugnen. In der That also würde das Gesetzbuch, wenn es nicht durch blos mechanische Zusammensetzung unlebendig und darum völlig verwerflich seyn soll, doch nicht von jenem Collegium gemacht werden können, sondern nur von einem Einzelnen; die übrigen aber würden nur untergeordnete Dienste leisten können, indem sie bey einzelnen Zweifeln Rath und Gutachten ertheilten, oder die fertige Arbeit durch Entdeckung einzelner Mängel zu reinigen suchten. Wer uns aber dieses zugiebt, der muß für die gegenwärtige Zeit an der Möglichkeit überhaupt verzweifeln; denn eben jenen ein-[159]zelnen, den wahren Gesetzgeber, zu finden, ist ganz unmöglich, weil wegen der völligen Ungleichartigkeit der individuellen Bildung und Kenntniß unsrer Juristen kein einzelner als Repräsentant der Gattung betrachtet werden kann.

Wer auch nach dieser Betrachtung noch an die Möglichkeit einer wirklich collegialischen Verfertigung des Gesetzbuchs glauben möchte, der wolle doch die Discussionen des Französischen Staatsraths, die Thibaut so treffend geschildert hat [1]), auch nur in einem einzelnen Abschnitt durchlesen. Ich zweifle nicht, daß unsre Discussionen in manchen Stücken besser seyn würden; aber, auf die Gefahr hin, der Parteylichkeit für die Franzosen beschuldigt zu werden, kann ich die Überzeugung nicht verbergen, daß die unsrigen in anderer Rücksicht hinter diesem Vorbild zurück bleiben dürften.

Es ist oft verlangt worden, daß ein Gesetzbuch populär seyn solle, und auch Thibaut kommt einmal auf diese Forderung zurück [2]). Recht verstanden, ist diese Forderung wohl zuzugeben. Die Sprache nämlich, die das wirksamste Mittel ist, wodurch Ein Geist zum andern kommen kann, hemmt und beschränkt auch diesen geistigen Verkehr vielfältig; oft wird der beste Theil des Gedankens von diesem Medium absorbirt, wegen der Unge-[160]schicklichkeit entweder des Redenden, oder des Hörers. Aber durch Naturanlage oder Kunst kann dieses Medium so unterworfen werden, daß beiderley Ungeschicklichkeit nicht mehr im Wege steht. Der Gedanke schreitet dann weg über die verschiedene Art und Bildung der hörenden Individuen, und ergreift sie in dem gemeinsamen geistigen Mittelpunkt. Dann kommt es, daß die Hohen befriedigt werden, während auch den

---

[1]) f. o. S. 35.　　　　　[2]) A. a. O. S. 23.

Geringen alles klar ist: beide sehen den Gedanken über sich als etwas höheres, bildendes, und beiden ist er erreichbar. So ist irgendwo ein wunderthätiges Christusbild gewesen, das die Eigenschaft hatte, eine Hand breit höher zu seyn, als der größte Mann, der sich daran stellen mochte: kam aber ein Mann von mäßiger Größe, oder ein kleiner, so war der Unterschied dennoch derselbe, nicht größer. Diesen einfältigen, einzig populären Styl sehen wir (um nur von der einheimischen Literatur zu reden) in unsren besseren Chroniken, aber er kann auch in mancherley anderen Arten erscheinen. Wenn wir ihn einmal wieder finden, dann wird manches treffliche möglich seyn, unter andern eine gute Geschichtschreibung, und unter andern auch ein populäres Gesetzbuch.

12.

Schluß.

[161] Ich fasse nochmals in kurzen Worten zusammen, worin meine Ansicht mit der Ansicht der Freunde eines Gesetzbuchs übereinstimmt, und worin sich beide unterscheiden.

In dem Zweck sind wir einig: wir wollen Grundlage eines sicheren Rechts, sicher gegen Eingriff der Willkühr und ungerechter Gesinnung; desgleichen Gemeinschaft der Nation und Concentration ihrer wissenschaftlichen Bestrebungen auf dasselbe Object. Für diesen Zweck verlangen sie ein Gesetzbuch, was aber die gewünschte Einheit nur für die Hälfte von Deutschland hervorbringen, die andere Hälfte dagegen schärfer als vorher absondern würde. Ich sehe das rechte Mittel in einer organisch fortschreitenden Rechtswissenschaft, die der ganzen Nation gemein seyn kann.

Auch in der Beurtheilung des gegenwärtigen Zustandes treffen wir überein, denn wir erkennen ihn beide für mangelhaft. Sie aber sehen den Grund des Übels in den Rechtsquellen und glauben durch ein Gesetzbuch zu helfen: ich finde ihn vielmehr in uns, und glaube, daß wir eben deshalb zu einem Gesetzbuch nicht berufen sind.

[162] Wie in unfrer Zeit gefprochen finb bie Worte eiues ber ebelften Deutfchen bes fechzehnten Jahrhunderts ¹).

Nam mihi aspicienti legum libros, et cognita pericula Germaniae, saepe totum corpus cohorrescit, cum reputo quanta incommoda secutura sint, si Germania propter bella amitteret hanc eruditam doctrinam juris et hoc curiae ornamentum ... Non igitur deterreamur periculis, non frangamur animis, ... nec possessionem studii nostri deseramus. — — Itaque Deus flectat animos principum ac potentum ad hujus doctrinae conservationem, magnopore decet optaro bonos et prudentes. Nam hac remota, ne dici potest quanta in aulis tyrannis, in judiciis barbaries, denique confusio in tota civili vita secutura esset, quam ut Deus prohibeat, ex animo petamus.

---

¹) Melanchthon, oratio de dignitate legum; in select. declamat. T. 1. Servestae 1587. p. 247. unb Or. de vita Irnerii et Bartoli. T. 2. p. 411.

Erſte Beylage.

Stimmen für und wider neue Geſetzbücher.

Von

Savigny.

(Abgedruckt aus der Zeitſchrift für geſchichtliche Rechtswiſſenſchaft, herausgegeben von
F. C. von Savigny, C. F. Eichhorn und J. F. L. Göſchen. B. 3. Heft
1. Berlin 1816. 8. S. 1—52.)

[163] Wird ein wiſſenſchaftlicher Streit lebhaft und mit allgemeinerer
Theilnahme geführt, ſo pflegt er neben großen Vortheilen auch nicht
geringe Gefahren mit ſich zu führen. Daß jede Meynung im Angeſicht
beſtimmter Gegner vollſtändiger ausgebildet und feſter begründet wird,
iſt gewiß der Wahrheit förderlich, aber gar leicht verliert der Strei-
tende die Unbefangenheit, die allein der eigenen und der fremden
Meynung in allen Theilen und Wendungen Gerechtigkeit wiederfahren
laſſen kann. So geſchieht es, daß oft in demſelben Maaße, in welchem
die Gegenſtände ſelbſt deutlicher werden, die Sehkraft gerade derjenigen
getrübt wird, von welchen die Meynung der übrigen geleitet und beſtimmt werden ſoll.

Dieſe guten und ſchlimmen Folgen mögen auch bey dem Streite
eingetreten ſeyn, der ſeit einigen Jahren über die Frage geführt worden
iſt, wie unſere deutſchen Staaten das bürgerliche Recht zweckmäßig zu
behandeln haben. Was iſt dabey nun aber zu thun? Sollen wir
ſchweigen, damit die Leidenſchaften ſich legen, ſchweigen, bis wieder alles
gleichgültig über die Sache geworden iſt? Mit nichten. Aber ſorg-
fältig bedenken ſollen wir jene vorhin erwähnte Gefahr, und ſtrenge
ſeyn gegen uns ſelbſt und gegen andere. Denn in der eigenen, wie in
der entgegengeſetzten Meynung, läßt ſich wohl unterſcheiden, was zu ihr
nach ihrer Natur gehört, von dem, was Parteylichkeit hinzugefügt hat.
Überall, wo eine Schwäche der eigenen Meynung oder eine Stärke der
fremden umgangen oder verſchwiegen wird, da iſt es nicht mehr die
Meynung, welche redet oder verſchweigt, ſondern die Parteylichkeit, und
ſo bewußtlos wir auch ſeyn mögen bey dem Spiel, welches dieſe Parteylichkeit mit uns treibt, ſo iſt doch das Spiel ſelbſt immer verwerflich,
und wir thun wohl, ihm überall nachzuſpüren, in uns ſelbſt wie in
unſern Gegnern.

[164] Dieses Vorwort sollte den Gesichtspunct angeben, von welchem der folgende Aufsatz angesehen zu werden wünscht. Es soll in diesem Aufsatz eine Übersicht gegeben werden über die verschiedenen Meynungen und Äußerungen, die seit der Erscheinung meiner Schrift (1814) über die Sache laut geworden sind, wobey ich mich aber weder zu absoluter Vollständigkeit, noch zu strenger chronologischer Folge anheischig mache.

A. Stimmen für neue Gesetzbücher [1]).

1. Thibaut.

Über die Nothwendigkeit eines allgemeinen bürgerlichen Rechts für Deutschland, zweyte Ausgabe, in: Civilistische Abhandlungen. Heidelberg 1814. 8. Seite 404 fg.

Heidelbergische Jahrbücher

1814 S. 929 fg.

1815 S. 625 fg. S. 657 fg.

1816 S. 193 fg.

Daß die früheren Behauptungen des Vfs. von der wünschenswerthen Einheit des Rechts durch ganz Deutschland, von der Nothwendigkeit neuer Gesetzbücher u. s. w. hier wiederholt und bekräftigt werden, versteht sich von selbst. Auch sollen hier nur diejenigen Äußerungen hervorgehoben werden, die entweder selbst neu sind, oder doch zu neuen Entwicklungen Gelegenheit geben können.

So wird hier gegen die Meynung gestritten, nach welcher das Recht eine unveränderliche, unbewegliche Natur haben solle: das Recht, wird gesagt, sey vielmehr zu allen Zeiten veränderlich gewesen, und es sey verderblich, dasselbe jetzt fest bannen zu wollen[2]). Allein Unbeweglichkeit des Rechts ist in der That niemals behauptet worden. Auch der menschliche Leib ist nicht unveränderlich, sondern wächst und entwickelt sich unaufhörlich; und so betrachte ich das Recht jedes Volkes, wie ein Glied an dem Leibe desselben, nur nicht wie ein Kleid, das willkührlich gemacht worden ist, und eben so willkührlich abgelegt und gegen ein anderes vertauscht werden kann.

Eine neue auffallende Aussicht eröffnet der Vf. der Rechtsgeschichte. Sobald wir nur einmal von der Noth des gemeinen Rechts befreyt wären, würde nach seiner Meynung die [165] Rechtsgeschichte, nicht mehr auf ein einzelnes Volk beschränkt, alle Völker umfassen können. „Denn das „ist nicht die wahre lebende Rechtsgeschichte (sagt er), welche mit ge- „fesseltem Blick auf der Geschichte Eines Volkes ruht, aus dieser alle „Kleinigkeiten herauspflückt, und mit ihrer Mikrologie der Dissertation „eines großen Praktikers über das: et cetera gleicht. Wie man den „Europäischen Reisenden, welche ihren Geist kräftig berührt, und ihr

---

1) Die ausführlichste Schrift, welche hieher gehört (von Gönner), ist schon früher in dieser Zeitschrift angezeigt worden (B. 1. S. 373 u. fg.).

2) Heidelb. Jahrb. 1815. S. 659.

„Innerstes umgekehrt wissen wollen, den Rath geben sollte, nur außer
„Europa ihr Heil zu versuchen: ja sollten auch unsre Rechtsgeschichten,
„um wahrhaft pragmatisch zu werden, groß und kräftig die Geset=
„gebungen aller andern alten und neuen Völker umfassen. Zehn geist=
„volle Vorlesungen über die Rechtsverfassung der Perser und Chinesen
„würden in unsern Studierenden mehr wahren juristischen Sinn wecken,
„als hundert über die jämmerlichen Pfuschereyen, denen die Intestaterb=
„folge von Augustus bis Justinianus unterlag"). Ausführlicher ist
diese Forderung einer Universalrechtsgeschichte schon früher von Feuer=
bach ausgesprochen worden). Etwas Wahres liegt in dieser Ansicht,
aber so dargestellt, wie es von Feuerbach und nach mehr von
Thibaut geschehen ist, muß es zu argem Irrthum verleiten. Zuvör=
derst ist keine Verwechslung verderblicher, als die der Mikrologie mit
specieller Detaillenntniß. Mikrologie nämlich muß jeder vernünftige
Mensch gering schätzen, aber genaue und strenge Detailkenntniß ist in
aller Geschichte so wenig entbehrlich, daß sie vielmehr das einzige ist,
was der Geschichte ihren Werth sichern kann. Eine Rechtsgeschichte, die
nicht auf dieser gründlichen Erforschung des Einzelnen beruht, kann
unter dem Namen großer und kräftiger Ansichten nichts anderes geben,
als ein allgemeines und flaches Räsonnement über halbwahre That=
sachen, und ein solches Verfahren halte ich für so leer und fruchtlos,
daß ich daneben einer ganz rohen Empirie den Vorzug einräume.
Daraus folgt, daß wenigstens der Römischen und Teutschen Rechts=
geschichte die Zeit und Kraft nicht würde abgespart werden können,
welche auf das Persische und Chinesische Recht zu verwenden wäre.
Außerdem aber ist wohl zu bedenken, daß es für das Recht der aller=
meisten Völker und Zeiten an allem irgend brauchbaren geschichtlichen
Material fehlen muß. Wir können im allgemeinen gute Nachrichten
von dem Zustand eines Volkes haben, während wir über die Verfassung
und das bürgerliche Recht desselben wenig wahres wissen: denn diese
Gegenstände fordern einen geübten Blick, und wer sie [166] ohne diesen
darzustellen unternimmt, der wird meist das eigentlich wahre und lehr=
reiche übersehen, wie wir dieses gar nicht bloß an Reisebeschreibern
gewahr werden, sondern selbst an einheimischen Geschichtschreibern, die
aus Mangel an eigener Sachkenntniß den Leser oft mehr verwirren
als belehren. Endlich muß ich besonders gegen die Unparteylichkeit
protestiren, womit die Rechtsgeschichte aller Völker als ungefähr gleich
interessant und lehrreich dargestellt wird. Abgesehen davon, daß hier
eben so wie in andern Dingen die Virtuosität mancher Völker einen
nicht geringen Unterschied macht, wie denn z. B. die Betrachtung
Griechischer Kunstwerke den Kunstsinn mehr entwickeln wird, als die

---

1) Civilist. Abhandl. S. 433.
2) Vorrede zu Unterholzners juristischen Abhandlungen. München 1810.
S. XII—XVII.

der Chinesischen — davon abgesehen, ist ein anderer Unterschied ganz
entscheidend. Auch hierin kommt nämlich alles auf die Grundfrage an,
ob (wie ich glaube) das Recht, welches mit einer Nation geboren ist,
und eben so das ursprünglich fremde, was aber viele Jahrhunderte in
ihr gelebt hat, ein Stück ihres eigenen Wesens geworden ist, oder ob
(noch der Lehre der Gegner) jeder Augenblick fragen kann und darf,
welches Recht im nächsten Augenblick gelten solle, so daß bey dieser
Überlegung die Gesetzbücher aller Zeiten und Völker zu gleichmäßiger
beliebiger Auswahl vor uns ausgebreitet liegen sollen. Von meinem
Standpunct aus würde demnach der Rechtsgeschichte verschiedener Völker
eine sehr ungleiche Wichtigkeit zugeschrieben werden müssen. Das wichtigste nämlich ist und bleibt die Geschichte der uns angehörigen Rechte,
d. h. der Germanischen Rechte, des Römischen und des Canonischen
Rechts: wobey jedoch zu bedenken ist, daß das Germanische Recht wissen-
schaftlich keineswegs auf das in Deutschland geltende zu beschränken ist,
sondern vielmehr alle Germanische Stämme umfaßt. Die Rechte der
ganz fremden Nationen aber haben wieder ein sehr ungleichartiges
Interesse für uns, je nachdem der Zustand dieser Völker mit dem
unsrigen mehr oder weniger Verwandtschaft hat, so daß uns deshalb
das Recht aller christlich Europäischen Nationen von nicht Germanischem
Stamme, dieser fremden Abstammung ungeachtet, viel näher angeht, als
die Rechte orientalischer Völker. Es versteht sich aber von selbst,
daß hier blos von einem verschiedenen Grad des Interesse
die Rede ist, und daß schlechthin keine Kenntniß dieser
Art, wenn sie nur eine wirkliche Kenntniß ist, gering ge-
achtet werden soll. Sind diese Ansichten richtig, so folgt daraus,
daß in unsrer Art, die Rechtsgeschichte zu behandeln, ein sehr fühlbarer
Mangel allerdings statt findet, indem das Recht der verschiedenen Europäischen Nationen, besonders derjenigen, welche Germanischer Abkunft
sind, nicht vernachläßigt werden sollte. Denn erstens ist dieses zu
lebendiger, fruchtbarer Kenntniß zu bringen möglich, und zweytens liegt
es unserm eigenen [167] Rechtszustand so nahe, daß dieser nur in Verbindung damit allseitig erkannt werden kann. Es wäre zu wünschen, daß
selbst auf unsern Universitäten die Gelegenheit zu solchen Vorlesungen
nicht fehlen möchte, und daß junge tüchtige Männer von den Regierungen dazu ausersehen und unterstützt würden. Eine unerläßliche
Forderung aber müßte seyn, daß solche Männer nicht blos durch
gründliches Quellenstudium, sondern zugleich durch den Aufenthalt in
England, Dänemark, Schweden u. s. w. sich gebildet hätten, wodurch
allein ihre Kenntniß Leben und Anschaulichkeit gewinnen könnte. Wie
viel bey dieser Erweiterung der Rechtsgeschichte auch die allgemeine
Völkergeschichte gewinnen müßte, ist einleuchtend: aber auch Thibaut,
und wer sonst von der Gesetzgebung alles Heil erwartet, müßte in
diesen Wunsch einstimmen. Denn auch für die Gesetzgebung würde es
gewiß ein wesentlicher Vortheil seyn, wenn Männer daran arbeiteten,

die ihren Gesichtskreis durch so vielseitige Rechtsanschauung erweitert hätten.

Mehrmals hat Thibaut aufmerksam darauf gemacht, daß die Masse, die wir zu bearbeiten haben, stets anwächst, und daß es also immer schwerer, ja dem Einzelnen unmöglich werde, diese Masse, sowohl was die Quellen, als was die Literatur betrifft, vollständig zu verarbeiten [1]). Diese Klage ist gegründet, und jeder, der gewissenhaft arbeitet, wird sich oft durch diesen Zustand gedrückt fühlen. Aber wie war es möglich, zu übersehen, daß dieser Zustand gerade auch die gründliche Abfassung neuer Gesetzbücher hemmt, also ein sehr wichtiger Grund gegen Thibauts Aufforderung zu einem allgemeinen Gesetzbuche ist? Wir können uns doch nicht anmaaßen, in einem Fache, das sich so ins Einzelne ausgebildet hat, wie das bürgerliche Recht, alles durch gute Einfälle vortrefflich entscheiden zu wollen, wir können des guten Rathes der Zeitgenossen und der Vorfahren doch nicht entbehren, was auch Thibauts Meynung gar nicht ist. Bey jenem Zustand der Quellen und der Literatur aber kann es gar leicht kommen, daß uns in gar vielen Stücken die einzig rechte, längst gefundene Ansicht (die gar nicht immer die herrschende oder bekannteste ist) entgieng, nicht weil wir ihre Richtigkeit verkannten, sondern lediglich weil sie uns der Zufall nicht vor die Augen führte. Wollen wir aufrichtig seyn, so müssen wir gestehen, daß der oben bemerkte Zustand keiner der beyden Meynungen ein neues Gewicht giebt, weil er für beide gleich unbequem und hinderlich ist. Darum scheint es räthlich, dabey unsern Streit zu vergessen, und uns brüderlich zu berathen, wie dem Übel abzuhelfen seyn möchte, das wir nicht [168] hervorgebracht und nicht zu verantworten haben. Ich werde am Schlusse dieses Aufsatzes meine Gedanken hierüber mittheilen.

Manche neue Äußerungen Thibauts verdienen wieder ungetheilten Beyfall. So diese Stelle: „Betrieben unsre Deutschen Regenten die „Sache wieder kümmerlich, wie früher so manche andre wichtige Staats„angelegenheit, so würde ich gern der erste seyn, um das neue Werk „mit einer rüstigen Strafrede anzufallen" [2]). Eben so der Wunsch, daß in Ermanglung eines allgemeinen Deutschen Gesetzbuches doch lieber von mehrern Staaten gemeinschaftlich, als von jedem einzeln, ein Gesetzbuch gemacht werden möchte. „Nicht allein der bürgerliche „Verkehr macht dies im höchsten Grade räthlich, sondern auch der „Umstand, daß selten ein einzelnes Deutsches Land im Stande ist, ein „vollendetes bürgerliches Recht durch die Kräfte seiner eignen Rechts„gelehrten zu schaffen" [3]).

Etwas deutlicher, als früher, erklärt sich jetzt Thibaut über die

---

1) Civilist. Abhandl. S. 416. Heidelb. Jb. 1814. S. 940.
2) Heidelb. Jahrb. 1814. S. 938.
3) Heidelb. Jahrb. 1816. S. 200.

Art, wie er sich die collegialische Mitwirkung bey Abfassung eines Gesetzbuchs denkt: es soll nämlich über einzelne, vorgelegte Fragen votirt werden[1]. Dieses ist allerdings sehr begreiflich, aber auf diese Weise entsteht kein Buch. Die Hauptsache ist und bleibt die Redaction des Ganzen, und diese würde doch immer einem Einzelnen anheim fallen müssen, abgleich sie nachher von Andern geprüft und verbessert werden könnte.

Thibaut vermuthet, es werde in Deutschland kein allgemeines Gesetzbuch zu Stande kommen, vielmehr werde jedes Land sein eigenes Particularrecht bekommen (welches freylich der traurigste Erfolg seyn würde). „Damit ist denn" fügt er hinzu „natürlich auch die Rechts-„wissenschaft zu Grunde gerichtet, und man wird dann den Freunden „der Wissenschaft, welche jetzt für das Alte kämpfen, auch wieder sagen „können, was man so oft sagen muß: Gott bewahre uns nur vor „unsern Freunden"[2]). Das klingt beynahe so, als ob die Stimmen, welche gegen ein allgemeines Gesetzbuch sich erhoben haben, die Ab-fassung desselben gehindert und dagegen eine Geneigtheit für besondere Gesetzbücher hervorgebracht hätten. Doch mag dieses blos im Ausdruck liegen, denn im Ernst wird niemand behaupten, daß ohne jene Stimmen ein allgemeines Gesetzbuch wahrscheinlich zu Stande gekommen wäre. Das Streben mancher Regierungen, alles gemeinsame von sich abzu-halten, ist schwerlich durch jene Schriften erzeugt worden, [169] ja wenn diese Schriften wirklich hätten zu ihrer Kenntniß kommen und ihren Beyfall erhalten können, was sehr zu bezweifeln ist, so würde ihre Wirkung gerade darin bestanden haben, das willführliche Fixiren von Particularrechten der einzelnen Staaten vor allem andern zu verhindern.

2. Feuerbach.
Vorrede zu: Nepamuk Barst, die Beweislast im Civilprozeß. Bamberg und Leipzig. 1816. 8.

Die Entscheidung oder Vermittlung des Streits, sagt F., solle in diesen wenigen Worten nicht versucht werden; allein er halte es für recht und gut, daß in einer solchen Sache jeder seine Gesinnung öffent-lich ausspreche[3]): welcher Äußerung gewiß jeder Unbefangene vollen Beyfall geben wird. Darin ist F. mit mir einverstanden, ja er hält es für etwas nie bestrittenes, „daß alles auf Entwickelung und Darstel-„lung des volksthümlichen, in das Leben der Nation übergegangenen „Rechts ankomme" (S. XVI.). Nur findet er es unbegreiflich, was die Geschichte mit der Erforschung dieses gegebenen, im Volk lebenden Rechtes zu thun habe. „Die Geschichte erklärt, wie Etwas nach und „nach geworden; wie und was dieses Etwas sey, lehrt die Ge-

---

1) a. a. O. S. 198—200.
2) Heidelb. Jahrb. 1816. S. 200.
3) Vorrede S. XI.

„ſchichte nicht. Was der Geſchichte angehört, iſt ſchon dem Leben ab-
„geſtorben" u. ſ. w. (S. XVII.). Dieſe Anſicht der Geſchichte iſt ſehr
befremdend. Iſt es denn möglich, die Gegenwart eines organiſchen
Zuſtandes anders zu begreifen, als in Verbindung mit ſeiner Vergangenheit, d. h. anders, als auf genetiſche Weiſe? Ein trefflicher
Schriftſteller drückt dieſes alſo aus: „Aus demjenigen, was einſt als
„Recht gegalten hat, iſt hervorgegangen das jetzt geltende Recht,
„und dieſes iſt nur darum das, was es iſt und wie es iſt, weil das
„Alte, indem es veraltete, das Neue geboren hat. In der Vergangen-
„heit van Jahrtauſenden liegt der Keim zu der Geſetzgebung, der wir
„jetzo bienen. Der Keim mußte verweſen, damit die Frucht entſtände:
„kann ich aber das Daſeyn der Frucht begreifen, ohne von ihrem Seyn
„zu ihrem Werden und von ihrem Werden zum letzten Grund ihres
„Werdens zurückzugehen? Nur der Geiſterpöbel ſteht gaffend vor dem,
„was iſt, und ſieht nichts weiter und will nichts weiter ſehen, als daß
„es iſt: aber das wie? und das warum? hat jeder Geiſt von
„beſſerer Art ſich vorbehalten" [1]).

Offenbar liegt jener neueſten Äußerung Feuerbachs dieſelbe Verwechſelung zum Grunde, die auch ſchon bey andern Schriftſtellern vorgekommen iſt: die Verwechſelung nämlich der [t70] geſchichtlichen Anſicht
des Rechts mit einer beſondern Vorliebe für das Alterthümliche var
der Gegenwart, oder gar des Römiſchen var dem Vaterländiſchen.

Zuletzt werden die Gegner der Geſetzbücher durch das Beyſpiel
der Römer beſchämt, die durch geſunden Verſtand geleitet, ihre zwölf
Tafeln niedergeſchrieben hätten, ahne ſich durch die Bedenkſichkeiten
ſtören zu laſſen, die jetzt den neuen Geſetzbüchern entgegengeſtellt würden
(S. XXII—XXVI). Hält man damit zuſammen, was vorher (S.
VI—X) über das unpraktiſche unſrer theoretiſchen Juriſten geſagt wird,
ſo ſollte man denken, der ganze Streit werde geführt zwiſchen Prak-
tikern, die Geſetzbücher verlangten, und Theoretikern, die aus unprak-
tiſchem Sinn ſie verweigerten. Aber das iſt eben unſer Unglück, daß
uns die wahren Praktiker fehlen, indem unſre Praktiker größtentheils
doch wieder nichts ſind, als Theoretiker, die nur meiſt auf halbem Wege
ſtehen geblieben ſind. Darin eben war es zur Zeit der zwölf Tafeln
ganz anders, indem damals niemand das Recht niederſchrieb, als wer
die anſchaulichſte. lebendigſte Kenntniß davon hatte, und indem nicht
mehr niedergeſchrieben wurde, als was Gegenſtand unmittelbarer An-
ſchauung und Erfahrung ſeyn konnte. Aber wie wir jetzt ſtehen,
können wir kein Geſetzbuch machen, das etwas anderes wäre, als eine
wiſſenſchaftliche Arbeit, ſo daß unſere Geſetzbücher im günſtigſten Fall
von den eigenthümlichen Gebrechen unſres in Abſtractionen lebenden
Zeitalters nicht werden frey bleiben können. Darum ſcheint es denn in
der That nicht ganz paſſend, ſich auf die zwölf Tafeln zu berufen,

---

1) Feuerbach über Philoſophie und Empirie. Landshut 1804. 8. S. 43.

wenn die Räthlichkeit neuer Gesetzbücher durch Beyspiele aus der Vergangenheit ausgemittelt werden soll. Soll dieser Weg eingeschlagen werden, so ist es offenbar passender, das Beyspiel aus einem dem unsrigen verwandten Zustand herzunehmen. Ich wähle dazu das Bairische Criminalgesetzbuch vom J. 1813 [1]).

Nachdem zu diesem Gesetzbuch eine große Menge von Materialien aller Art gesammelt, auch ein erster Versuch mislungen war, wurde im J. 1804 Feuerbach mit dieser Arbeit beauftragt. Der von demselben abgefaßte Entwurf wurde zuerst von einer eigenen Gesetzcommission, dann von einer Commission des geheimen Raths, endlich von dem versammelten geheimen Rathe geprüft und verbessert, und so nach neun Jahren das Resultat dieser vielseitigen ernstlichen Bemühungen zum Gesetzbuch erhoben [2]). Es war also gewiß nichts [171] versäumt worden, was dem wichtigen Werk die höchste Vollendung geben konnte, weder in der wiederholten sorgfältigen Prüfung, noch in der Abfassung des Entwurfs, indem diese dem Manne aufgetragen war, der in seinem Fache geradezu den ersten Ruf genoß, einen Ruf, wie er im Civilrecht keinem einzelnen unter den jetzt lebenden Gelehrten zu Theil geworden ist. Wir haben keine genaue Nachricht von dem Verfahren bey Abfassung der zwölf Tafeln, aber wir können mit Sicherheit annehmen, daß so viel Vorsicht dabey nicht angewendet worden ist. Und was ist nun das spätere Schicksal jenes Gesetzbuchs vom J. 1813 gewesen [3])? Es sind bis jetzt zu demselben, theils im Regierungsblatt, theils in besonderen Abdrücken, Ein Hundert und Eilf abändernde Novellen erschienen, deren eine (vom 25. März 1816) die Lehre vom Diebstahl ganz neu bestimmt: die gänzliche Umarbeitung der Lehre von Unterschlagung und Betrug war noch nicht erschienen, circulirte aber unter den Mitgliedern der Gesetzcommission. Daß eine so plötzliche Rechtsabwechslung kein glücklicher Zustand ist, wird jeder zugeben. Und ferner, wie man auch über Gesetzbücher denken möge, wird man einräumen müssen, daß hier von zwey Dingen eines wahr seyn muß. Entweder nämlich ist Grund zu dieser schnell durchgreifenden Änderung gewesen oder nicht. Im ersten Fall hat denn also ein Gesetzbuch, ungeachtet der großen oben bemerkten Vorsichtsmaaßregeln, in diesem Grade mislingen können. Im zweyten Fall hat man ganz willkührlich ein gutes Gesetz gleich nach seiner Einführung preisgegeben, ohne Rücksicht auf die Sicherheit und Festigkeit des Rechts, die dadurch aufs äußerste gefährdet werden mußte [4]). Welcher dieser beiden Fälle nun auch der

---

[1]) Strafgesetzbuch für das Königreich Baiern. München 1813. (das Promulgationspatent ist vom 16. Mai 1813). Anmerkungen zum Strafgesetzbuche für das Königreich Baiern. B. 1. 2. München 1813. B. 3. 1814. 8.

[2]) Anmerkungen B. 1. S. 12—19.

[3]) Ich nehme diese Nachricht aus dem Brief eines Bairischen Advokaten vom 22. Mai 1816.

[4]) Durch diese Erfahrung wäre denn also buchstäblich in Erfüllung gegangen, was ich in dieser Zeitschrift (B. 1. S. 421. 422.), ohne diesen Fall zu kennen, ganz im allgemeinen vorhergesagt habe.

wahre seyn mag (worüber ich mich alles Urtheils enthalte), ja scheint in der That eine Zeit, in welcher einer derselben eintreten konnte, keinen Beruf zur Abfassung eines Gesetzbuchs zu haben. Und was soll man dazu sagen, wenn bey solchen Erfahrungen Thibaut die Hoffnung hegen kann, das Gesetzbuch, welches er fordert, werde viele Jahrhunderte dem bürgerlichen Leben zur Grundlage dienen [1])! Wird man etwa erwiedern, bey dem künftigen Gesetzbuch müsse alles vortrefflich gemacht werden, was bey jenem versehen worden, und die Regierungen, die bis jetzt wohl willkührlichen Änderungen allzu leicht Raum gegeben hätten, müßten von nun an die höchste Beharrlichkeit im Festhalten [172] des Aufgestellten beweisen? Aber dann kann ich mich nicht enthalten, an Thibauts eigene Worte zu denken: „In der That! es veranlaßt „sehr trübe Gedanken, wenn man täglich sehen muß, wie unsre mehrsten „politischen Ansichten auf Träumereyen hinausgehen. Man ersinnt sich „recht etwas Ideales, macht nur die einzige kleine Voraussetzung, daß „die Weisen und Gerechten die Vollstreckung besorgen, und dann geht „alles in Lust und Freude von Statten" [2]).

3. Pfeiffer.

Ideen zu einer neuen Civilgesetzgebung für Deutsche Staaten von D. B. W. Pfeiffer, Kurf. Hessischem Regierungsrath zu Cassel. Göttingen 1815. 8.

Es ist ungemein erfreulich, daß in diesem Buche ein erfahrener praktischer Jurist seine Stimme in dieser wichtigen Sache hat abgeben wollen, indem die Vielseitigkeit der Ansichten dadurch sehr befördert werden muß. Vor allem verdient es ehrenvolle Erwähnung, daß der Verfasser die Unentbehrlichkeit der gelehrten Bildung selbst für den praktischen Zweck anerkennt (S. 5 und 84 fg.), und daß er bey Begründung des neuen Rechtszustandes hierauf besondere Rücksicht genommen wissen will. Und gewiß, der Verfasser hatte darüber ein sehr gültiges Urtheil, indem er selbst eine gründliche gelehrte Bildung in seinem Fach durch geschätzte Schriften bewährt hat, und indem er zur Westphälischen Zeit in der Lage gewesen ist, zu bemerken, wie traurig der Zustand eines Rechts ist, welches auf blos mechanische Weise zum Zweck der äußeren Nothdurft hinlänglich erlernt werden kann (S. 65. 66).

Das eigenthümliche seines Vorschlags, wodurch dieser Zweck mit dem der Rechtseinheit u. s. w. verbunden werden soll, besteht darin: alle bisher geltende Rechtsquellen, auch das Gewohnheitsrecht, sollen abgeschafft und durch ein neues Gesetzbuch ersetzt werden; dieses Gesetzbuch soll im Ganzen auf das jetzt geltende Recht gebaut seyn, soll nur allgemeine und nur positive (nicht schon naturrechtliche) Grundsätze enthalten, soll aber dennoch ganz vollständig seyn, um, wie schon bemerkt,

---

[1]) Heidelb. Jahrb. 1816. S. 100,
[2]) Heidelb. Jahrb. 1816. S. 100.

alle anderen Quellen entbehrlich machen zu können (S. 62—64, S. 78).
Eigentlich heißt das also nur so viel: das Gesetzbuch soll nicht ausführlich seyn, wie das Preußische Landrecht, sondern kurz, wie das
Österreichische Gesetzbuch: etwas neues in dem ganzen Plane, wovon
also auch ganz eigene Früchte zu hoffen wären, kann ich nicht entdecken.
Auch hier also bleiben die allgemeinen Gegengründe bestehen: daß wir
auf keine Weise ausgerüstet sind, ein solches Gesetz[173]buch zu machen [1]),
daß das wissenschaftliche Leben des Rechts untergehen wird, und daß
das Gesetzbuch zum Behuf der Anwendung doch wieder eine unsichtbare
Umgebung von Gerichtsgebrauch, Doctrin aber wie man es sonst be-
nennen will, erhalten muß, die dann das eigentlich herrschende seyn
wird, die sich aber auf eine zufällige, willkührliche, bewußtlose Weise
bilden wird, während sie jetzt in dem Zusammenhang mit früheren
Jahrhunderten, eine herrliche Lebenswurzel findet. Eine solche geistige,
unsichtbare Umgebung ist überall, auch bey dem reichhaltigsten und
durchgreifendsten Gesetzbuch der wahre Sitz des lebenden Rechts, und
es ist unbegreiflich, wie der Vf. (S. 47. 50) Huga's Behauptung, daß
es so sey, für etwas ganz eigenes und unerhörtes hat halten können.
Das Preussische Landrecht z. B. verbietet ausdrücklich alle dem Gesetz
deragireude Gewohnheiten, und insbesondere alle Rücksicht auf den Gerichtsgebrauch [1]), und dennoch, so neu dieses Gesetzbuch auch ist, hat sich
durch die Anwendung in den Gerichten so vieles modificirt, ergänzt,
anders gestellt, daß das geschriebene Landrecht mit dem in den Preussischen Gerichten lebenden Recht keineswegs identisch ist. So ist es
überall und so muß es überall bleiben, nur wird darin ein großer
Unterschied seyn, ob jene unsichtbare Umgebung mehr im Gerichtsgebrauch, oder in der allgemeinen Volkssitte, aber in der Lehre der
Schulen, aber in der Lehre der Schriftsteller, und hier wieder der gelehrten oder blos praktischen besteht. Jede Einseitigkeit hierin ist nachtheilig, und das gehörige Gleichgewicht und die Wechselwirkung dieser
Kräfte (wozu aber auch Berührung und Gemeinschaft gehört) ist allein
ein gesunder Zustand. Das schlimmste aber ist, sich über die Unver-
meidlichkeit dieses Zustandes zu täuschen, und von der vermeynten

---

[1]) Der Vrf. sucht durch angeführte Stellen aus verschiedenen Jahrhunderten
S. 43. 44 barzuthun, die Klage über Unfähigkeit sey ungegründet, denn sie sey zu
allen Zeiten dieselbe gewesen: woraus scheint denn hervorzugehen, es sey zu allen
Zeiten ein gleiches und zwar sehr großes Maas von Gelehrsamkeit do gewesen, und
immer dabe es einige hypochondrische Leute geglagt hätten, Ob dem so
ist, mag jeder entscheiden, der die Literaturgeschichte kennt; oder unter jenen Stellen
ist gerade die entscheidendste, die des Donellus nämlich, sehr übel gewählt, denn
Donellus klagt daselbst gar nicht über seine Zeitgenossen, sondern über die vor-
hergehende Schule der Bartolisten, denen er mit Recht den Mangel humanistischer
Kenntnisse vorwirft. Offenbar will er also das vergangene Jahrhundert in Vergleichung mit dem seinigen herobsetzen, also gerade sein eigenes Zeitalter rühmen.
[1]) Publicationspatent § 7: Einleitung § 6.

Vortrefflichkeit irgend eines neuen Gesetzbuchs sich zu der Meynung verleiten zu lassen, daß dasselbe in Wahrheit das Recht unmittelbar und ausschließend beherrschen werde.

[174] In einem zweyten Abschnitt („Grundlinien einer neuen „Civilgesetzgebung") giebt der Vf. Vorschläge zu neuen Gesetzen über diejenigen Gegenstände, in welchen er neue Bestimmungen für besonders nöthig hält. Dieser specielle Theil des Werks verdient große Aufmerksamkeit: er macht nämlich recht anschaulich, wie wenig wir, auch politisch betrachtet, in der Lage sind, die Abfassung neuer Gesetzbücher wünschen zu können. Und wie könnte es auch anders seyn! Mehr als ein halbes Jahrhundert hat eine trostlose Aufklärerey den politischen wie den religiösen Glauben wankend gemacht. Nachdem sie lange Zeit durch Milde und Freundlichkeit alle Herzen gewonnen hatte, hat sie dann, in ihrem inneren Wesen stets dieselbe, in der Französischen Revolution und in Buonapartes Despotismus sich etwas herb erwiesen: diese Revolution und die Folgen dieses Despotismus hat Teutschland großentheils auch äußerlich, weit mehr aber auf geistige Weise mit durchlebt. Und so stehen wir jetzt in allgemeiner Ungewißheit: bürgerliche und kirchliche Verfassung sind aus allen Fugen gewichen, und auch die ordnende Sitte der Privatverhältnisse hat dem allgemeinen Schwanken nicht entgehen können. Viel guter Willen hat sich im einzelnen dabey erhalten: alles fühlt das drückende dieses Zustandes und die Sehnsucht nach einem besseren. Und einen solchen Zustand des Übergangs wollten wir durch geschriebene Buchstaben fixiren auf Jahrhunderte? Man wird sagen, gerade dieses Schwanken müsse gehoben werden durch eine feste, vorgeschriebene Regel. Nichts ist eitler als diese Hoffnung. Erstlich muß die vollkommenste Regel fruchtlos bleiben, so lange ihr nicht eine entschiedene Richtung im Volk, eine Empfänglichkeit dafür, entgegen kommt: der gute Wille, die unbestimmte Sehnsucht nach einem bessern Zustand, ist dazu nicht hinreichend. Zweytens wer soll diese Regel finden? jene Verwirrung der Begriffe und Grundsätze, als Folge der durchlebten inneren und äußeren Revolutionen findet sich keinesweges blos im Volk, sondern gerade auch bey denen, welche das Gesetzbuch zu machen hätten. Man versuche es nur, ein Collegium zu diesem Zweck zu bilden, und man wird fühlen, wie rathlos gerade in den wichtigsten Dingen die Ansichten durch einander laufen werden. Dagegen kann kein Stimmenzählen helfen! Einige Beyspiele aus den Vorschlägen des Verfs. mögen das Gesagte anschaulicher machen. Kirchenbücher läßt er sich S. 132. 133 höchstens aus Noth gefallen: eigentlich aber sollen sie illiberal seyn, weil nicht auch Juden, Türken und Heiden darin stehen können. Am besten wäre es daher, wenn die Gerichtsschreiber der untern Justizbehörden die Geburts- und Sterbelisten führten. — Allerdings ist der abstracte Begriff des Staates von dem der Kirche verschieden: aber soll uns dieser Abstraction zu Gefallen nun auch noch das wenige

[175] an Würde, was sich hie und da in unsern öffentlichen Verhältnissen erhalten hat, genommen werden? Nicht zu gedenken, daß jene Listen sehr gewiß von den Schreibern der Untergerichte liederlich und schlecht geführt werden würden, ohne Vergleich schlechter, als es jemals von den Geistlichen zu befürchten ist.

Eben so wird es S. 135. 138 als Überrest von Barbarey verworfen, zwischen Einheimischen und Fremden, noch mehr aber, zwischen Christen und Juden einigen Unterschied machen zu wollen. — Dieses hängt damit zusammen, daß wir schon lange den Begriff des Bürgers eigentlich ganz verloren haben, und nur noch von Menschen und Unterthanen wissen wollen. Diese Ansicht hatte sich einestheils durch eine mißverstandene, übel angewendete Humanität eingeschmeichelt: anderntheils war den Regierungen der überall gleichförmige und passive Begriff des Unterthans viel bequemer und angenehmer, als der des Bürgers. Aber wie ohne eigentliche, wahre Bürger ein gesunder kräftiger Staat bestehen könne, ist nicht wohl abzusehen, und wer dieses einräumt, wird auch die Aufstellung sichtbarer Gränzen zwischen Bürgern und Fremden nicht absolut verwerfen können. Härte und Unmenschlichkeit freylich soll in keinem Fall gedulbet werden. Auch in Rom durfte man die Peregrinen bekanntlich nicht todt schlagen, ja sie hatten ziemlich frühe einen eigenen Prätor. Von unmittelbarer Nachahmung kann hier freylich gar nicht die Rede seyn, auch ist schon das Verhältniß der christlich Europäischen Staaten zu einander ganz eigener Art. Aber auch hier ist die Vernichtung aller Gränze ganz unnatürlich. Vollends die Juden sind und bleiben uns ihrem innern Wesen nach Fremdlinge, und dieses zu verkennen könnte uns nur die unglückseligste Verwirrung politischer Begriffe verleiten; nicht zu gedenken, daß diese bürgerliche und politische Gleichstellung, so menschenfreundlich sie gemeynt seyn mag, dem Erfolg nach nichts weniger als wohlthätig ist, indem sie nur dazu dienen kann, die unglückselige Nationalexistenz der Juden zu erhalten und womöglich noch auszubreiten.

Der Ehe soll nach S. 142. 143 die bürgerliche Form der Trauung eigentlich allein natürlich seyn. Da die Ehe indessen auch noch eine moralische Seite habe, und wegen unsrer Gewöhnung, wird nebenher auch noch die kirchliche Form zugelassen, jedoch nur als durch kirchliche Verordnungen vorgeschrieben, welche festsetzen: „daß zu der „in dem Gesetzbuch bestimmten bürgerlichen Form die hergebrachte „kirchliche als wesentlich hinzukomme". Das bürgerliche Recht müßte also wohl consequenterweise eine Ehe ohne kirchliche Trauung anerkennen, und nur die Kirche könnte etwa in einem solchen Fall strafen oder auch ihre Einwilligung versagen. Doch dem sey wie ihm wolle, und die Wirkung des Grundsatzes [176] mag noch so sehr gemildert seyn, so ist es doch immer ein merkwürdiges Beyspiel, wie weit sehr wackere Männer geführt werden können, wenn sie die Bestimmung aller menschlichen Verhältnisse von oben herab als das naturgemäße ansehen.

Zwar in Ländern, welche bisher unter dem Code gelebt haben, mag jener Vorschlag des Vfs. weniger auffallen. Aber man denke sich nun ein Deutsches Land, worin der Code nicht galt, dessen Einwohner also nie etwas anderes als kirchliche Trauung gekannt haben, gewiß ohne jemals das Bedürfniß einer Änderung hierin zu empfinden. In einem solchen Lande soll nun daneben die bürgerliche Trauung eingeführt werden, und zwar als die Hauptsache, vielleicht gar so, daß die Ehe durch sie allein schon rechtsbeständig werden kann: und so soll ein solches Land, einer bloßen Abstraction zu Gefallen, dieses Stück der Revolution nach hintennach zu genießen bekommen! Daß dadurch das Wesen der Ehe, als eines (vor allem andern) christlichen Verhältnisses verkannt und beeinträchtigt wird, ist freylich die Hauptsache; aber selbst wer hierüber anders und neutraler dächte, müßte doch solche Vorschläge schon aus allgemeinen Gründen bedenklich finden. In unsrem Leben hat sich ja wenig alte, unantastbare Sitte und würdige Form erhalten, daß wir wahrlich nicht Ursache haben, das wenige, was sich noch ge- rettet haben mag, hintanzusetzen.

Die Ehescheidung durch gemeinsamen Willen soll nach S. 151 frey gegeben werden, nach freyer als im Preussischen Recht, und nur an erschwerende Formen gebunden. Dabey liegt ohne Zweifel die sehr verbreitete Ansicht zum Grunde, daß das Recht überhaupt für nichts anderes zu sorgen habe, als für die höchste Freyheit der Einzelnen, gleich als ob die Idee der Ehe nicht auch ihr Daseyn und ihr Recht haben müßte. Doch dieses auseinander zu setzen, würde hier zu weit führen. Aber auch rein praktisch genommen wird für die allermeisten Ehescheidungen gerade durch diese Leichtigkeit erst das Bedürfniß ent- stehen. Sehr selten ist eine wahre innere Nathwendigkeit vorhanden, fast überall entsteht das Bedürfniß blos daher, daß einer der Ehe- gatten, aber auch beide nicht den ernsten Willen haben, sich selbst etwas zuzumuthen: und gerade diese Stimmung kann gewiß nicht sicherer befördert werden, als durch ein Gesetz, welches die absolute Willkühr der Scheidung festsetzt. Darüber hat Erfahrung entschieden, ja es ist Erfahrung, daß da, wo freye Ehescheidung gilt, gar manche Ehe mit Rücksicht darauf leichtsinniger geschlossen wird.

Der Familienrath des Code war bekanntlich das Stück desselben, worüber sich viele Deutsche Juristen vor Bewunderung gar nicht zu lassen wußten. Es ist daher sehr merkwürdig, daß hier S. 164 aus Erfahrung die gänzliche Un[177]brauchbarkeit dieses Instituts bezeugt wird. Der eigene Vorschlag des Vfs. aber (S. 167) ist ja künstlich und zusammengesetzt, daß ich ihn für nach unausführbarer halte. Schwer- lich wird dem Vormundschaftswesen anders gründlich geholfen werden können, als in Verbindung mit Entwicklungen unsrer Communalver- fassungen, die auch in jeder andern Rücksicht höchst wünschenswerth und nichts weniger als Luftschlösser sind. Es kommt also auch hier darauf an, ob wir, so lange uns die dazu nöthigen Einrichtungen fehlen, irgend eine Regel fixiren wollen, die zu keinem rechten Ziel führen kann, und die bey einer gründlichen Verbesserung unfres übrigen Zustandes als ganz untauglich wird verworfen werden müssen. Im Hypothekenrecht (S. 197) spricht der Vf., so wie alle, die in diesen Zeiten der Sache erwähnt haben, für die unbeschränkte mechanische Erleichterung des Realcredits, und es ist ihm nur um die Mittel zu diesem Zweck zu thun. Ich verkenne gar nicht die Mängel des Römischen Hypothekenwesens, besonders wie es durch neuere Constitutionen ausgebildet worden ist: aber es ist mir unbegreiflich, und kein sauberliches Zeichen für den praktisch-politischen Sinn, aus welchem die Vorschläge zu neuen Gesetzgebungen hervorzugehen pflegen, daß man ja ganz mit sich im reinen zu seyn scheint, obgleich darüber sehr im Großen bedenkliche Erfahrungen gemacht sind. Dennoch scheint man gar keine Ahnung davon zu haben, wie wesentlich durch unser ausgebildetes Hypothekenwesen das Grundeigenthum modificirt wird, und ob eine solche Verwandlung des Grundeigenthums in bloßen Geldreichthum, eine solche Ausmünzung des Bodens (denn das ist es bey großer Vollendung der Anstalt) wünschenswerth seyn möchte. Man übersieht, daß dadurch ähnliche Verhältnisse wie durch ein Papiergeld hervorgebracht werden, welches letzte doch nun auch nicht mehr für die höchste Vollendung eines glücklichen Zustandes gehalten werden wird. Diese Bemerkungen sollen gar nicht der Beybehaltung des Justinianischen Hypothekenwesens das Wort reden, auch nicht den Weg, den man in neueren Zeiten eingeschlagen hat, unbedingt widerrathen, sondern nur darauf aufmerksam machen, daß es bey der Einrichtung des Hypothekenwesens nach auf andere Dinge ankomme, als welche von unsren Legislatoren berücksichtigt zu werden pflegen. Wenn man die Vorschläge derselben liest, sollte man denken, dasselbe Hypothekenrecht tauge für alle Zustände der Völker: überall, in der Schweiz wie in China, in Rußland wie in Frankreich komme es nur darauf an, die bekannten Grundsätze der Publicität und Specialität anzuwenden, dann bleibe nichts mehr zu wünschen übrig. Diese blos formelle Behandlung der Gesetzgebung ist es, die ich durchaus für verderblich halte, und in diesem Sinne ist schon oben (S. 8. 9.) [178] darüber geklagt worden, daß unsre Praktiker viel zu sehr Theoretiker sind.

Die Intestaterbfolge ist bekanntlich für unsre Rechtspolitiker eine besonders beliebte Materie, und sie nimmt auch hier S. 186 und folg. eine bedeutende Stelle ein. Der Vf. fordert, daß sie einfach und gerecht eingerichtet werde, die Unbrauchbarkeit des Römischen Rechts scheint er als ganz unzweifelhaft vorauszusetzen, und das Preußische soll hierin um gar nichts besser seyn, dagegen das Österreichische allein den Ansprüchen der Vernunft Genüge leisten. Ich habe nie begreifen können, warum die Novelle 118 in diesen neuesten Zeiten so schnöde angesehen worden ist. Leicht zu übersehen ist ihre Erbfalgeordnung gewiß, und ein wirklicher Zweifel in der Anwendung derselben gehört

ſicher zu den großen Seltenheiten, während z. B. nach dem Franzöſiſchen Recht, wie ich aus eigener Erfahrung weiß, in ganz einfachen,
täglich vorkommenden Fällen, unauflösliche Zweifel entſtauden ſind.
Was die Gerechtigkeit betrifft, ſo müßte es freylich jeder anſtößig finden, wenn ein Geſetz die Kinder ausſchließen und entfernte Verwandte
berufen wollte. Aber in der Novelle iſt das bekanntlich auch nicht der
Fall: ihre Ungerechtigkeit ſoll beſonders darin beſtehen, daß ſie die
Halbgeſchwiſter den vollbürtigen Geſchwiſtern nachſetzt. Wie iſt es
aber möglich, dieſes eine Ungerechtigkeit zu nennen! hier, wo alles auf
individuellen, höchſt verſchiedenen Verhältniſſen beruht! Vielleicht finden
ſich eben ſo viele Fälle, worin der Verſtorbene, wenn er befragt worden
wäre, einen Unterſchied zwiſchen beiden Arten der Geſchwiſter gemacht
hätte, als wo es nicht der Fall geweſen wäre, und keine von beiden
Entſcheidungen läßt ſich aus allgemeinen Gründen ableiten. Der große
Beyfall, welchen die Öſterreichiſche Erbfolgeordnung gefunden hat,
gründet ſich auf nichts anderes, als auf die einfachere Formel, in
welche ſie gefaßt werden kann, alſo auf ihre Symmetrie; und geſetzt
ſelbſt, daß dieſes in der That ein Vorzug genannt werden könnte, ſo
ſind gewiß die Nachtheile einer gänzlichen Umänderung der bisher be-
ſtehenden Erbfolge ein viel zu theurer Preis für jenen Gewinn. Auch
dieſer Anſicht der Inteſtaterbfolge liegt alſo die oben gerügte formelle
Behandlung der Geſetzgebung zum Grunde.

Dieſe Bemerkungen über die einzelnen Vorſchläge des Vfs. ſind
übrigens gar nicht als individuell gegen ihn gerichtet zu betrachten.
Was hier getadelt worden iſt, gründet ſich auf den Weg, den uns im
allgemeinen das Schickſal geführt hat. Nur verkennen ſollen wir nicht,
daß es ſo iſt, und ſollen uns nicht zu Meiſtern der künftigen Jahrhunderte aufwerfen, da uns die politiſche Einſicht und Bildung ge-
bricht, um nur unſren eigenen gegenwärtigen Zuſtand recht zu über-
ſehen und zu regieren.

[179] 4. Almendingen.

Politiſche Anſichten über Deutſchlands Vergangenheit, Gegenwart und Zukunft, von Harſcher von Almendingen. Erſter
Bd. Wiesbaden 1814. 8. S. 354 fg.

Vortrefflich ſetzt der Verf. auseinander, daß der Rechtszuſtand
der Deutſchen Länder des gemeinen Rechts nur in der Beſchreibung
fürchterlich ausſehe, und daß die eigentliche Noth in dem Mangel an
tüchtigen Inſtizbeamten beſtehe (S. 366); eben ſo zeigt er auf die
überzeugendſte Weiſe, wie wenig bey der großen Verſchiedenheit der
Zuſtände und Bedürfniſſe die Gleichförmigkeit des bürgerlichen ſowohl
als des Criminalrechts wünſchenswerth ſey (S. 357 fg.). Das innere
Leben eines Volks, die Lebensweiſe eines Landes (S. 357) ſoll das
Recht beſtimmen. Nach ſo ſchönen Worten erwartet man, daß in der
That das geſchichtlich begründete Recht hier einen warmen Vertheidiger

finden müßte. Keineswegs! Nur die Abfassung eines allgemeinen Gesetzbuchs für ganz Deutschland, welche von Thibaut und Schmid verlangt wurde, soll hier bekämpft werden: für jeden einzelnen Deutschen Staat dagegen ist „die Abfassung eines bürgerlichen Gesetzbuchs ein höchst dringendes Bedürfniß" (S. 356), denn hier ist die Mannichfaltigkeit des bürgerlichen Rechts in verschiedenen Theilen des Staats ein drückendes, unerträgliches Übel, dem nicht schnell genug gesteuert werden kann. Als Mittelglied für einen so ungeheuern Widerspruch dient die Verwechslung des Volks mit dem Staate. „Vollendete Gesetze „sind die schönen und freien Formen des innern Lebens eines Volks: „sie gehen aus ihm hervor und bestehen mit dem sie zeugenden Princip. „Von außen aufgedrungene Formen dagegen würken dem innern Leben „entgegen. Was wäre ober ein allgemeines Deutsches stereotypisches Ge„setzbuch für die einzelnen föderalisirten Staaten anders, als eine „von außen aufgedrungene Form?" (S. 357) Also enthält jeder Bundesstaat ein eigenes Volk, welches sich wie überhaupt, so auch in seinem Recht durch ein eigenes Gesetzbuch, wie billig, abschließt, und welchem die Rechtsgemeinschaft mit den übrigen Staaten eine von außen aufgedrungene Form seyn würde, so gut als die mit Frankreich oder Rußland! Aber was haben die Beschlüsse des Wiener Congresses, was die früheren Ländervereinigungen durch Erbschaft, Säcularisation u. s. w. mit der Volkseinheit zu schaffen? sind dadurch Völker gebildet und Völker begränzt worden? Noch unbegreiflicher aber ist es, daß von der nothwendigen Mannichfaltigkeit des Rechts in den einzelnen Staaten gar nicht die Rede ist, gleich als ob Lage und Zustand des Volks hier überall gleich und nur zwischen mehreren Staaten verschieden wäre. Alles, was der Verf. über diese Mannichfaltigkeit im Widerstreit gegen ein [180] allgemeines Deutsches Gesetzbuch sagt, gilt eben sowohl gegen Bairische, Nassauische Gesetzbücher u. s. w., besonders wenn sie nach der jetzt herrschenden Ansicht keine Localrechte neben sich dulden wollen. Das letzte Resultat also, worauf dieser Schriftsteller führt, ist freylich viel bedauernswerther als das, worauf Thibaut und Schmid hinarbeiteten. Was diese wollten, war zwar dem Rechtszustand nachtheilig, aber die Idee einer Vereinigung aller Deutschen zu dem gemeinsamen Werk war schon an sich trefflich, und auch die Ausführung konnte von dieser Seite manche gute Folge haben. Was aus jenem Plane hervorgeht, ist dem Recht nicht weniger nachtheilig, als ein allgemeines Gesetzbuch, und zugleich politisch höchst verderblich, als ein neues Trennungsmittel für die Deutschen, welche (größtentheils sehr zufällig und willkührlich) verschiedenen Bundesstaaten zugetheilt sind.

5. Einige Ungenannte.

Diesen verdankt man einige gar nicht unwichtige Entdeckungen. So ist zuerst von einem Ungenannten die eigentliche Gefährlichkeit eines gelehrten Juristenstandes an das Licht gezogen worden. „Daß deutsche

„Fürsten (sagt er) ihre Völker blos der so gerühmten Gesetzgebung der
„repräsentirenden Juristen, oder juristischen Braminen Preis
„geben sollten, welche ihre Sanskritsprache verewigen, ganz still und
„leise überall im Stillen herrschen, das Mark des Volkes aussaugen,
„und sich wie die Rabbiner der Juden zu Gesetz- und Sittenlehrern
„stempeln möchten, läßt sich nicht erwarten" [1]). Wenn die gelehrte
Jurisprudenz ein Weg zum Mark des Volkes wäre, würde sie wahrscheinlich mehr Anhänger finden als jetzt!

Ein anderer Ungenannter [2]) hat Untersuchungen über die Eigen-
schaften guter Gesetzgeber angestellt. Er geht, einstimmig mit mir,
davon aus, daß in einem neuen Gesetzbuch vorzugsweise das jetzt geltende Recht berücksichtigt werden müße. Da sich nun dieses „nicht an
der Hand der Geschichte" gebildet habe, sondern „gerade durch recht
„unhistorische Juristen, so dürfte doch wohl nichts inconsequenter seyn,
„als echt geschichtlich gebildete Juristen bei der Redaction des Gesetz-
„buchs zu Rathe zu ziehen" (S. 206). (Nach dieser Ansicht scheint das
historische Studium keinen andern Gegenstand zu haben, als die Thaten
der — Historiker, und eine Kriegsge-[181]schichte z. B. müßte
etwas ganz widersinniges seyn.) Daraus folgt denn, daß bei der Abfassung eines Gesetzbuchs „gerade die historische Bildung . . . nicht
„nöthig, sogar nicht einmal nützlich, vielmehr schädlich seyn dürfte . . .
„Gerade ein recht unhistorischer Jurist, der durch die Ausübung das
„noch geltende von dem nicht mehr geltenden zu unterscheiden gelernt
„hätte, würde hier an dem rechten Orte seyn." Nach dieser Entdeckung
freylich dürfen wir um tüchtige Verfasser eines Gesetzbuchs nicht mehr
verlegen seyn, denn die hier beschriebene ächte Unabhängigkeit von
schädlichen historischen Kenntnissen ist in unsrer Zeit so häufig, daß
von dieser Seite her der Beruf derselben für die Gesetzgebung sich auf
das Glänzendste rechtfertiget. Man muß indeßen nicht glauben, daß
es mit der Unwissenheit allein, so gut und nöthig diese ist, gethan sey,
denn sie liefert nur gleichsam die Materialien, die Form aber giebt
— die Philosophie! Nämlich unser praktisches Recht ist ein „unzusam-
„menhängendes Gemisch . . . . welchem die leitenden Principien . . .
„blos durch die Philosophie gegeben werden können, d. h. dadurch"
(was nun folgt ist also unläugbar eine Definition der Philosophie)
„daß ein philosophischer Kopf das Gemisch zusammenstellt, das leitende
„Princip zu der größern Masse des Gemisches findet, und die geringere
„Masse in das Princip einzwängt, darnach beschneidet und umformt."
Höchst naiv ist auch noch der Beweis, daß das gemeine Deutsche
Recht gar nichts zu unsrer juristischen Bildung beitragen könne. „Die

---

[1]) Gründe für und wider die mündliche öffentliche Rechtspflege. Mainz 1816. 8.
(S. 32) Anmerkung des Herausgebers.
[2]) Der Recensent meiner Schrift vom Beruf ꝛc. Hallische Lit. Zeit. 1815. October
S. 201—211.

„römischen Juristen (heißt es S. 209) ftubierten kein gemeines deutsches
„Recht, und waren doch die gebildetsten. Die juristische Bildung kann
„also van daher nicht kommen, wohl aber die Verbildung."

Gerade das Gegentheil meynt ein anderer Recensent [1], welcher für
den Juristen durchaus nichts höheres anerkennt, als das reine Römerrecht. Dieses soll man ihm nicht anlasten, sonst hat man es mit ihm
zu thun! Läßt man es ihm aber als varnehmsten Gegenstand des
Universitätsunterrichts gelten, muß jeder Jurist es hören und wird
jeder daraus examinirt, so läßt er sich dann auch neue Gesetzbücher
sehr gerne gefallen: nur müssen die Gesetzgeber auch graße Civilisten
seyn! Davon daß das Römische Recht gerade auch für uns etwas geworden ist, und besonders davan, daß es auch nach ein Deutsches Recht
giebt, welches zu unsrem eigensten Wesen gehört, erscheint hier keine
Ahnung. Nur daß das unschuldige Spiel mit dem Römerrecht nicht
gestört werde! Man sieht, [182] wie verschieden die Anfangspuncte
seyn können, von welchen ausgehend man doch am Ende wieder in dem
gemeinsamen Gefallen an Gesetzbüchern zusammentrifft.

B. Stimmen der Gegner neuer Gesetzbücher.

1. Hugo.

Dieser, der älteste und staubhafteste Vertheidiger der geschichtlichen
Bildung des Rechts, hat auch neuerlich wieder in mehreren Recensia-
nen [2] diese Ansicht zu entwickeln und gegen ihre Widersacher zu sichern
versucht. Jede dieser neuen Darstellungen der längst bekannten Ansicht
liest man wieder mit einem eigenen Interesse, indem die Frische des
Ausdrucks, sa wie die Heiterkeit und Unbesangenheit der Gedanken erfreuliche Zeichen sind, daß die Ansicht selbst hier nicht als ein todter
Besitz aus früherer Zeit fortdauert, sandern recht eigentlich die Seele der
wissenschaftlichen Gedanken, Kenntnisse und Erfahrungen des Vfs. ist.

2. Einige Ungenannte.

Höchst erfreulich sind die Stimmen zweier Recensenten, die, wie
es scheint, gar nicht der Schule angehören, auch gar nicht van dem
Interesse der Wissenschaft ausgehen, sandern van Lebenserfahrung und
praktischem Bedürfniß, und van diesem Standpunct aus der Abfassung
van Gesetzbüchern aufs bestimmteste widersprechen.

Der eine derselben [3] rügt die handgreifliche Uebertreibung, wamit
die Falgen der mannichfaltigen Rechte in Deutschland geschildert zu
werden pflegen. Die wenigsten Menschen, wird hier richtig bemerkt,
erfahren etwas genaueres über den Inhalt ihres eigenen bürgerlichen
Rechts, sie werden sich alsa mit den Bewahnern anderer Gegenden

---

[1] Leipz. Lit. Zeit. 1815. September No. 235. (Recension von Gönners Schrift.)
[2] Besonders Gött. Anzeigen 1814. St. 194. u. 1815 St. 108.
[3] Jenaische Lit. Zeit. 1814. B. 4. S. 327. 328.

durch gemeinfames Recht eben fa wenig verbrüdert, als durch Rechts-
verfchiedenheit van ihnen getrennt fühlen. „Der Ärger, den der Befiz-
„zer einer Juriſten-Facultät, die van allen Seiten her Acten bekämmt,
„über die Mannichfaltigkeit des Rechts hat, und welchen Rec. auch recht
„gut kennt, iſt gewiß kein univerfeller Deutfcher National-Ärger.“ Mit
demfelben praktifchen Sinne werden dann die graßen Nachtheile einer
Gefezgebung bemerkt, welche das Recht aller Orten gleich zu machen
beſtimmt ſeyn follte, ſa wie die unüberfteiglichen Schwierigkeiten der
Ausführung.

[183] Nach ausführlicher geht ein anderer [1] auf diefe Anficht ein,
indem er bemerkt, wie täufchend die Vortheile und wie reell die Uebel ſeyen,
die wir von einer durchgreifenden Änderung und Gleichftellung des
gefammten bürgerlichen Rechts zu erwarten haben. Die Ruhe und Unbefangenheit, womit diefes entwickelt wird, iſt befonders bemerkenswerth,
und die Uebereinſtimmung in der Anficht felbſt iſt mir hier um ſa
erfreulicher, da eben diefer Recenfent gewiß nichts weniger als partenifch
für mich und meine Schrift geſtimmt erfcheint.

3. Schrader.

Die Prätorifchen Edicte der Römer auf unfere Verhältniffe
übertragen von D. Ed. Schrader, Profeſſor des Civilrechts
und Obertribunalrath in Tübingen. Weimar 1815. 8.

Ich ſtelle diefe Schrift abfichtlich zulezt, abgefandert von den übrigen, weil ſie an eigenen und neuen Gedanken bei weitem die reichhal-
tigſte iſt. Der Vf. geht van der richtigen Bemerkung aus, daß die
gefchichtliche Bildung des Rechts, die auch van ihm angenommen wird,
keinesweges ſa misverftanden werden dürfe, als folle der Staat ſich gar
nicht um das Recht im allgemeinen bekümmern. Nur die gewähnliche
Art, wie der Staat darauf einzuwirken pflege, durch eigentliche Gefezgebung nämlich, ſey in den meiſten Fällen unzweckmäßig, felbſt da wa
ſich ſtehende Gefezcommiffionen finden. Durch Gefeze nämlich gefchehe
für das bürgerliche Recht bald zu viel, bald zu wenig (S. 73.); zu
viel, wenn man ſich einmal zur Abfaffung eines Gefezbuchs entfchließe,
welches auch der Vf. für fehr nachtheilig hält; zu wenig, indem außer
dem Fall einer ſolchen außerordentlichen Anſtrengung gewöhnlich gar
nichts gefchehe, und gar keine fartgehende Aufficht auf das Recht in
allen feinen Theilen ausgeübt werde. Er erwägt das Beyfpiel der
Römer, welche (feit den zwölf Tafeln) durch Volksfchlüffe nur wenig
am bürgerlichen Recht änderten, dagegen in ihren Edicten eine fort-
laufende, jährlich revidirte, höchſt wohlthätige Cantralle ihres gefammten bürgerlichen Rechts befaßen. Eine ähnliche Einrichtung, verfchieden
von der eigentlichen Gefezgebung, wird hier vargefchlagen.

[1] Leipziger Lit. Zeit. 1815. Septemb. St. 234.

Jeder Deutsche Staat nämlich soll zu diesem Zweck alle zehn Jahre ein Collegium bilden, welches nur Ein Jahr lang versammelt bleibt (S. 111), und in dieser Zeit eine Art von Prätorischem Edict abfaßt. Das Collegium erhält den Justiz-[184]minister zum Präsidenten, und außerdem einen Deputirten der Landstände zum Mitglied, dann aber noch fünf andere aus fünf verschiedenen Ständen gewählte Mitglieder (S. 91 fg. S. 102 fg.). Einer nämlich repräsentirt die Richter, ein zweyter die Advocaten der höheren Gerichte: eben so einer die Richter, ein anderer die Advocaten der Untergerichte: endlich ein fünfter die juristischen Theoretiker. Jeder dieser Stände schlägt drey Candidaten vor, woraus die Regierung einen wählt. In größeren Staaten soll die Zahl der gewählten Mitglieder durch Verdoppelung oder Verdreyfachung auf Zehn oder Funfzehn gebracht werden. Wird nach einem Jahrzehend ein neues Collegium gebildet, so muß die kleinere Hälfte des vorhergehenden darin sitzen (S. 92. 112. 130). Mehrere kleinere Staaten können ein solches Collegium gemeinschaftlich bilden (S. 122). (Vielleicht wäre doch ein etwas größerer Antheil der Theoretiker wünschenswerth, die ja auch dann noch, wie billig, sehr in der Minorität bleiben würden. Dieses scheint nöthig, nicht sowohl um der Theorie mehr Gewicht gegen die Stimme der Praktiker zu geben, als um der Einseitigkeit zu entgehen, die unvermeidlich eintreten wird, wenn nur ein einziger Theoretiker zugezogen wird: die individuelle wissenschaftliche Ansicht desselben würde ein sehr nachtheiliges Übergewicht in der Versammlung haben, welches nur dadurch vermieden werden kann, daß in der Versammlung selbst mehrere wissenschaftliche Stimmen gehört werden).

In diesem Edict soll das jetzt bestehende Recht geändert werden können, jedoch nur wenn zwey Drittheile der Stimmen die Änderung verlangen (S. 86. 89). Künftige, mit Einwilligung der Landstände gemachte Gesetze, dürfen erst geändert werden, wenn sie 100 Jahre alt sind (S. 88). Innerhalb der nächsten hundert Jahre darf überhaupt kein anderer Rechtssatz neueingeführt werden, als welcher schon in irgend einem andern Deutschen Lande Gültigkeit gehabt hat (S. 89).

Durch eine solche Einrichtung, wie der Verf. sehr richtig bemerkt, würde der große Vortheil erreicht werden, daß man nicht wie bei einem Gesetzbuch zu einer äußern Vollständigkeit genöthigt wäre, sondern nur über dasjenige sprechen würde, wozu gerade jetzt Bedürfniß und Kenntniß vorhanden wäre (S. 58): dadurch würde diese Arbeit Leben und Anschaulichkeit gewinnen, während unsre modernen Gesetzbücher mehr den Charakter von Compendien haben. Allerdings wäre zu befürchten, daß das Collegium, seinen wahren Beruf verkennend, doch wieder etwas machen möchte, das einem Gesetzbuch ähnlich wäre; dieser Gefahr soll begegnet werden, theils durch die oben erwähnten Einschränkungen, theils durch ein besonderes Gewicht, welches (S. 107) dem Veto eingeräumt wird.

[185] Die größte Billigung verdient der Wunsch (S. 94), daß alle Protokolle gedruckt werden möchten: sehr richtig bemerkt der Vf., daß dadurch die Achtung gegen das so gegründete Recht vielmehr erhöht als vermindert werden würde. Zugleich würde dieses das sicherste Mittel seyn, in der Zwischenzeit von einem Collegium zum andern brauchbare Beyträge zu neuen Verbesserungen zu erhalten. Solche offen dargelegte Gründe und Gegengründe müssen ungleich mehr wahren Antheil erwecken, als eine allgemeine empfehlende Entwicklung, worin aller Zweifel und Widerspruch gleisnerisch zugedeckt wird. Wie viel lehrreicher sind nicht bey dem Französischen Gesetzbuch die Protokolle des Staatsraths, als die aufgeblasenen, schmeichlerischen Reden, nach welchen man bei einem Gesetz über das Eigenthum glauben könnte, den Franzosen würden so eben alle Sachen geschenkt, über deren Eigenthum das Gesetz Regeln aufstellt.

Über die Art, wie ein Referent bestellt werden soll, und über die Geschäftsführung selbst, werden S. 103 u. fg. ausführliche Regeln gegeben, die aber wohl nur dazu dienen sollen, die Ausführbarkeit anschaulicher zu machen. Denn feste Regeln dieser Art für immer vorzuschreiben, dürfte wohl nicht rathsam seyn, da nach der Persönlichkeit der Mitglieder gar verschiedene Einrichtungen zweckmäßig seyn können.

Um den Zusammenhang des Rechts zwischen den verschiedenen Deutschen Staaten zu erhalten, wünscht der Vf. S. 123, daß abwechselnd mit den schon erwähnten Collegien der einzelnen Staaten ein allgemeines Collegium für ganz Deutschland zusammen treten möchte. Allein das Verhältniß dieser Versammlung zu denen der einzelnen Staaten bestimmt er so künstlich, daß die Ausführung wohl kaum für möglich gehalten werden kann. Vielleicht wäre es zweckmäßiger, für einen recht vielseitigen Verkehr zwischen den einzelnen Staaten in Ansehung ihrer Rechtsbildung zu sorgen.

Wie das allgemeine Deutsche Collegium, so halte ich auch die oben erwähnten Zeitbestimmungen von 100 Jahren für unpassend. Solche Bestimmungen gehören kaum in Zeiten wie die waren, worin unsre alten Kirchen von vielen Geschlechtern nach einander und stets nach demselben Plan fortgebaut wurden: unsere ephemere Zeit scheint dafür am wenigsten geeignet.

In der ganzen Schrift herrscht ein so gesunder praktischer Sinn, die Vorschläge des Verfassers sind so gut begründet, seine Erwartungen von dem Erfolg sind so besonnen und so frey von Übertreibung, daß ihm selbst Andersdenkende ihre Theilnahme nicht werden versagen können. Es ist sehr merkwürdig, daß diese Schrift gerade aus Würtemberg kommt, aus einem Lande, dessen Einwohner sich vorzugsweise entwickelter politischer Einsichten und Erfahrungen rühmen können. Man [186] sage nicht, ein akademischer Lehrer wie der Vf. sey bloß Bürger der Gelehrtenrepublik und der Staat um ihn her wirke wenig auf ihn ein. Dieses ist überall falsch, und bei dieser Schrift würde

es doppelt unrichtig seyn, da dieselbe durch handschriftliche Mittheilung an erfahrene und einsichtsvolle Geschäftsmänner geprüft und ge-
läutert worden ist.

Vielleicht ist es nicht überflüssig, am Schluß dieser literarischen
Übersicht einige Resultate kurz zusammen zu stellen, wie sie gerade in
diesem Zusammenhang recht klar hervortreten.
1. Die Besserung unsres Rechtszustandes, die man von einem Gesetzbuch erwartet, soll theils eine materiale seyn, theils eine formale.

Die materiale Besserung soll diejenigen Theile unsres Zustandes
betreffen, worin wir uns (theils in der That, theils wie man behauptet)
nicht sonderlich wohl befinden. Dagegen ist schon früher bemerkt worden,
es fehle uns theils an der nöthigen Einsicht, um das rechte mit Sicherheit zu treffen, theils an den nothwendigen Bedingungen in der Sitte
des Volks und in den Verfassungen, ohne welche keine Empfänglichkeit
für einen gründlich guten Zustand vorhanden ist. In welchem Sinne
dieser Einwurf gemeynt ist, habe ich oben bey der Beurtheilung des
Pfeifferschen Werks deutlich zu machen gesucht. Ist der Einwurf gegründet, so folgt daraus, daß wir jetzt zwar im einzelnen nachhelfen,
aber nichts durchgreifendes und bleibendes gründen können.

Die formale Besserung soll uns anstatt eines undeutlichen, ver-
wirrten, an allen Enden zerstreuten Rechts, wofür man das unsrige
ausgiebt, ein klares, übersehbares und zusammenhängendes Recht geben.
Dagegen ist erinnert worden, daß wir gar nicht die Fähigkeit haben,
eine solche Aufgabe zu lösen, und daß wir einem äußeren oberflächlichen Schein von Vollkommenheit nachjagend das innere Wesen unsres
Rechts verderben würden.

Dieses ganze Bestreben aber unsren Rechtszustand so durch einen
großen Schlag von oben herab zu verbessern, was ist es anders als
Eine Äußerung mehr von der unglücklichen Richtung, die nun schon so
lange das öffentliche Leben durchzogen hat, von der Richtung alles
zu regieren, und immer mehr regieren zu wollen? Diese
Regierungssucht hat fast jeder unter uns, da wo er gerade regiert
wird, schon recht schmerzlich empfunden, und selbst diejenigen, welche
am lebhaftesten für Gesetzbücher kämpfen, sind gewiß schon oft, wo
ihnen diese Sucht in der Administration, der Polizey, den Finanzen
u. s. w. entgegentrat, recht ernstlich darüber ent-[187]rüstet gewesen.
Hier aber, wo sie in ihrem Fach die Regierungen berathen wollen, wo
sie sich selbst in Gedanken an die Stelle derselben setzen, hier ist das
alles vergessen, und sie glauben, daß mit Verordnen und Regieren der
Welt von Grund aus geholfen werden könne. Daß sie dabei die edelste
Absicht haben, versteht sich: aber gewiß auch die meisten, die uns in
andern Fächern mit übermäßigem Regieren das Leben verbittern,
meynen es recht gut mit uns, und rechnen ehrlich auf unsren Dank.

2. Wichtiger als alle Vorschriften seyn können, ist der Geist und
die Bildung des Juristenstandes. Gewiß hat die ungtückliche, ver-
wirrende Zeit, die wir durchlebt haben, sehr traurig auf den öffentlichen Geist gewirkt, und nichts ist verderblicher, als sich hierüber zu
täuschen. Auch verdient gerade Thibaut das Lob, daß er, ferne von
der Gleisnerey mancher anderen Schriftsteller, diese Übel der Zeit mit
edtem Ernst gerügt hat. Was haben nun wir Juristen, woran wir
uns im Ganzen halten und empor heben können? was in England
hilft und in den alten Freystaaten half, sind eingewohnte freye Staats-
formen, nebst einem Erbgut von Volkssitte, die gerade aus ihrer Ab-
geschlossenheit frische Lebenskraft zieht; diese Mittel haben wir nicht.
Was uns im Großen und Ganzen am meisten helfen kann, ist allein
ein wissenschaftlicher Geist, der das Geschäft des Juristen, auch
das gewöhnliche praktische Geschäft, zu veredeln im Stande ist. Weit
entfernt also, daß die Gegner der Gesetzbücher dem Volk anmuthen
sollten, für die Probestücke der Professoren und Advocaten zu leben[1]),
fordern sie vielmehr einen wissenschaftlichen Character des Rechts als
das erste und wichtigste, gerade weil dieses allein der Ausübung des
Rechts eine edle und haltbare Grundlage geben kann.

Freylich wollen auch die Freunde der Gesetzbücher die Wissenschaft
gerne befördern, ja sie soll erst recht in Blüthe kommen, wenn wir
nur erst Gesetzbücher haben! Wenn uns aber, wie billig, die Sache
mehr am Herzen liegt, als unsere Einbildungen, so laßt uns doch unbefangen dahin sehen, wo der Versuch mit neuen Gesetzbüchern wirklich
gemacht ist, und wir werden uns überzeugen müssen, daß da das Recht
an wissenschaftlichem Leben verloren, und daß es sich dem bloßen Handwerk genähert hat. Wollen wir aber ungeachtet dieser Erfahrungen
behaupten, bei einem neuen Versuch werde gerade das Gegentheil er-
folgen, heißt denn das nicht Luftschlösser bauen, und die Lehre muth-
willig verschmähen, die uns große Erfahrungen darbieten?

[188] Schlimmer aber und ganz unbegreiflich ist der Weg, den
das neueste Bairische Criminalrecht eingeschlagen hat. Hier ist nämlich
in einer eigenen Verordnung ausdrücklich verboten, einen Commentar
über das Gesetzbuch zu schreiben, und mündliche Vorlesungen anders
als über das Gesetzbuch selbst zu halten[2]), wie denn bekanntlich Kaiser
Justinianus ähnliches verordnet hatte. Ich weiß, was man dafür
sagen kann: die Gesetze sollen weder durch Tadel um ihre Autorität,
noch durch verschiedene Auslegung um ihre Gewißheit gebracht werden.
Aber welche Geistlosigkeit der Juristen daraus hervorgehen muß, liegt

---

[1]) Heidelb. Jahrb. 1815. S. 661.
[2]) Bairische Verordnung vom 19. Oct. 1813 vor dem ersten Band der Anmerkungen
zum Strafgesetzbuche S. III. „Hierbei ist es auch Unser ausdrücklicher Befehl, daß
„außer dieser von Uns selbst angeordneten Darstellung durchaus von keinem andern
„Staatsdiener oder Privatgelehrten ein Kommentar über das Strafgesetzbuch in Druck
„gegeben werde" u. s. w.

am Tage. In Justinians Reich konnte ein solches Gesetz mit Erfolg ausgeführt werden, aber in einem einzelnen Deutschen Lande, bey dem allgemeinen Verkehr der Gedanken und der Literatur ist der Zweck nicht einmal erreichbar, den man sich dabey als wünschenswerth vorsetzen möchte. Auch in eine Zeit geistiger Erstarrung mag ein solches Gesetz nach wahl passen, aber völlig frembartig steht es da in einer überbeweglichen Zeit wie die unsrige, deren Beweglichkeit sich gerade an demselben Gesetzbuch [1]) auf die merkwürdigste Weise bereits offenbart hat.

3. Ich bin weit entfernt zu wünschen, daß der Staat bei der Rechtsbildung ein unthätiger Zuschauer seyn soll. Es giebt sogar mehr als eine Art, wie er dabey auf die wohlthätigste Weise thätig seyn kann.

Vor allem ist es die Sache des Staats, dafür zu sorgen, daß es der inneren rechtsbildenden Kraft nicht an zweckmäßig eingerichteten Organen fehle. Diesen Dienst leistete den Römern ihre Prätur: eben dahin gehört der oben dargestellte Vorschlag von Schrader für unsere Zeit. Soll aber dieser Vorschlag wahre Früchte tragen, so gehört dazu, daß überhaupt die öffentliche Meynung, über Personen sowahl als über Einrichtungen, fester und gründlicher werde, was wie bey jeder Kraft nur durch Übung bewirkt werden kann; dazu kann eine Entwicklung der Verfassung besonders förderlich seyn.

Aber es giebt nach andere Arten, wie der Staat auch unmittelbar auf den Zustand des Rechts einwirken kann, ohne das Recht selbst in seinem Gang zu stören. Wenn sich nämlich in einer langen Reihe von Jahren eine Masse einzelner Verordnungen gesammelt hat, so sind darunter gewiß viele, [189] die eine blos vorübergehende Gültigkeit haben sollten: viele andere werden zufällig in Vergessenheit gerathen, andere durch Gebrauch abgeschafft oder modificirt seyn; nach andere, wirklich geltende, werden var der Masse des veralteten leicht übersehen werden. So wird es oft vam Zufall abhängen, ob eine ältere Verordnung entdeckt und angewendet wird oder nicht. Diese Art der Rechtsungewißheit, die gewiß niemand loben wird, kann auf einem sehr sicheren Wege gehaben werden. Sämmtliche Gerichte und administrirende Behörden des Landes nämlich können aufgefordert werden, darüber zu berichten, welche Verordnungen nach ihrer Geschäftserfahrung noch geltend geblieben sind. Aus diesen Berichten wird es nicht schwer seyn, einen Auszug des nach geltenden zu machen, welcher dann mit ausschließender Gültigkeit van neuem als Gesetz vorgeschrieben werden kann. Einem solchen Codex Constitutionum stehen die Gründe nicht im Wege, die der Abfassung van Gesetzbüchern im gewöhnlichen Sinn entgegen gesetzt worden sind: denn was so auf dem Wege der Gesetzgebung entstanden ist, kann ganz unbedenklich auf demselben Wege reformirt werden. Der seltene Fall, in welchem eine ältere Verordnung in einzelnen Gegenden zur Bildung eines eigenthümlichen

---

[1]) f. o. S. 8 — 10.

Gewohnheitsrechts Veronlossung gegeben hätte, könnte noch eine ob-
weichende Behandlung bewirken.

Wenn z. B. ouf diese Weise bos Corpus Constitutionum Mar-
chicorum von Mylius mit seinen sämmtlichen Continuotionen umge-
arbeitet würde, so würde dieses jeder Preussische Geschöftsmann höchst
wohlthötig finden, und ouch der strengste Vertheidiger des geschichtlichen
Rechts würde bogegen nichts einwenben können.

4. Es ist oben (S. 5 u. 6), einstimmenb mit Thibout, die
große Schwierigkeit bemerkt worden, die für uns aus der immer woch-
senben Mosse des hiftarischen unb literarischen Materials unfres Rechts
entfteht; eine Schwierigleit, gleich groß für die Gesetzgebung, wie für
bos Stubium, für den Lehrer unb ben Schriftfteller, wie für ben
grünblichen, gewissenhaften Richter. Der Hauptgrund bieses Übels
liegt aber dorin, baß die Arbeiten der juristischen Schriftfteller zu
wenig auf ein bestimmtes, großes Ziel plonmäßig hingerichtet woren.
Wir haben eine ungeheure Menge Compenbien, Cbservotianen, einzelne
Abhonblungen u. f. w., aber eigentliche Bücher, die als integrirende
Theile eines wissenschaftlichen Abschlusses (nach ben Einsichten eines
gegebenen Zeitalters) betrochtet werden könnten, haben wir verhältniß-
mößig sehr wenige, und wie vieles hätte bofür geschehen können. wenn
bos, wos in jenen einzeln versplitterten Kräften gut unb fruchtbor
wor, ouf einfoche und wesentliche Zwecke concentrirt worden wäre.
Vor mehreren Johren sollte in einem großen Deutschen Stoate ein
neues Gesetzbuch gemocht werden, unb man hatte bobey [190] ben Plan,
bos Rämische Recht als Subfibiorrecht gelten zu lassen. Vergebens sah
mon sich noch einem ausführlichen Hondbuch des Römischen Rechts um,
welches ben proltischen Juristen zu ihrer Belehrung hötte empfohlen
werben können. Desholb sollte bamols ein solches Hondbuch veranlaßt
werden, welches jedoch, so wie die gonze bamals unternommene Abfassung des Gesetzbuchs, unterblieb. Ein solches Handbuch nun ist es,
wos wir in allen Theilen unfres Rechts, am meisten im Rämischen
Recht, bedürfen unb vermissen. Soll es grünblich gemacht werden, so
übersteigt es die Kräfte eines Einzelnen, aber durch gemeinsome Arbeit
aller, die inneren Beruf bazu hoben, könnte es in einigen Jahren wohl
zu Stonde kommen. Der Weg zur Ausführung wäre bieser. Nach
einem einsachen, leicht übersehboren Plon würde eine tabellorische Über-
ficht oller Gegenstönde entworfen. Hierous wöhlte sich jeder Theil-
nehmer diejenigen aus, wosür er am meisten vorgearbeitet hätte. Jede
einzelne Arbeit müßte enthalten: 1. Rechtsgeschichte gauz im Detail,
unb besonders mit vollständiger Zusommenstellung der Cuellen. 2. Dog-
motil, gleichsolls durch Cuellen vollständig begründet, und verbunden
mit Erklärung dieser Cuellen, so viel bazu näthig. 3. Literotur, unb
zwar mit Angobe des Inholts unb mit Beurtheilung, sowohl was die
zusommenhängenden Schriften über bos Gonze, als wos einzelne zer-
ftreute Bemerkungen betrifft. 4. Endlich wören auch politische Ansichten,

Wünsche und Vorschläge, obgleich nicht so dringendes Bedürfniß, dennoch keinesweges ausgeschlossen. Die Reihe von Werken verschiedener
Verfasser, die auf diese Weise entstehen würde, wäre durch die gemein-
schaftliche zusammenhängende Aufgabe zugleich als Ein großes Werk
zu betrachten, welches Verhältniß schon durch die ähnliche äußere Einrichtung bezeichnet werden könnte. Man wende nicht ein, daß wegen
der verschiedenen Ansicht und Richtung der Verfasser nur ein täuschen-
der Schein von Einheit in jenen Werken entstehen, und daß die Er-
reichung des Zwecks bey jedem einzelnen Werk sehr zufällig und zwei-
selhaft seyn würde. Wenn jeder nicht nur mit Ernst, sondern auch mit
einiger Selbstverläugnung arbeitet, wird dieses keinesweges der Fall
seyn. Es müßte nämlich ausdrücklich zur Aufgabe gemacht werden,
daß das rein factische, ausgemachte, allgemeingültige auf eine sichtbare
Weise von dem getrennt würde, was jeder als neue, individuelle Ansicht, als bloße Hypothese, zuzugeben gut fände, eine Bemühung, die
selbst dem Gelingen jeder Arbeit an sich und ohne Rücksicht auf jenen
gemeinsamen Zweck förderlich seyn könnte. Freylich wird es auch bey
dieser Vorsicht nicht fehlen, daß uns manche Arbeiten großentheils mislungen und ungenügend erscheinen werden: dennoch wird im schlimmsten Fall durch die bloße Zusammenstellung der Quellen und der Literatur unglaublich viel [191] gewonnen, und für jede künftige, bessere
Arbeit vorbereitet seyn. Gerade das, was jetzt das abschreckendste ist,
die Masse des factischen, wird dadurch bezwingbar geworden seyn.
Auch versteht es sich, daß jeder Mitarbeiter die einzelnen Bemerkungen
und Ausführungen, die er für die Werke der übrigen vorräthig hätte,
diesen überlassen würde, besonders aber die Literarnotizen, die in ihre
Materien gehörten. Damit für die Literatur die möglichste Vollständigkeit erreicht würde, müßte jeder das Verzeichniß der Schriften, die
ihm für sein Werk bekannt sind, zur Kenntniß der übrigen bringen, so
daß es durch diese vervollständigt werden könnte. — Ein solches Unternehmen müßte unfehlbar gelingen, wenn es nur ohne Selbstsucht und
persönliche Anmaßung, mit reiner Liebe zur Sache angegriffen würde.
Es wäre ein schönes Beispiel von Gemeingeist, wenn tüchtige Juristen
der verschiedensten Ansichten, Freunde und Gegner neuer Gesetzbücher,
zu diesem Zwecke zusammentreten wollten, und Thibauts vorzügliche
Theilnahme würde, wie in jeder Rücksicht, so besonders auch aus diesem
Grund, von großer Wichtigkeit seyn. Man hat oft mit Recht geklagt, daß
sich die Deutschen, auseinander gehalten durch leere, gehässige Einbildungen,
zu nichts gemeinschaftlichem entschließen wollten: hier ist etwas gemein-
schaftliches, das recht eigentlich unsres Berufs ist, und wozu wir der Mitwirkung der Regierungen gar nicht oder nur sehr beiläufig bedürfen.
Der Gesetzgebung wird dadurch eben so gut vorgearbeitet, als der
Wissenschaft, und auch diejenigen, welche von Gesetzbüchern das Heil
erwarten, müssen ihr Ziel dadurch gefördert sehen.

www.ingramcontent.com/pod-product-compliance
Lightning Source LLC
Chambersburg PA
CBHW030614270326
41927CB00007B/1173